Colección Mesa Redonda

Título: MANUAL BÁSICO DE ECONOMÍA SOLIDARIA
        100 claves de aplicación práctica

© (2018) Alveiro Monsalve Z.

Libro ISBN: 978-958-20-1300-4

© (2018) COOPERATIVA EDITORIAL MAGISTERIO
Diag. 36 Bis (Park Way La Soledad) No. 20-70
PBX: (0571) 338-3605
Bogotá, D.C., Colombia
www.magisterio.com.co

Envíe sus comentarios sobre la edición de este libro a: info@magisterio.com.co

Catalogación en la publicación – Biblioteca Nacional de Colombia

Monsalve Zapata, Alveiro

Manual básico de economía solidaria: 100 claves de aplicación práctica /
Alveiro Monsalve Z. - Bogotá: Editorial Magisterio, 2018.
        p. – (Colección Mesa Redonda)

Incluye datos biográficos del autor. - Incluye bibliografía.

ISBN 978-958-20-1300-4

        1. Cooperativismo - Manuales I. Título II. Serie

CDD: 334 ed. 23   CO-BoBN– a1018395

COLECCIÓN
MESA REDONDA

Manual Básico de Economía Solidaria

100 claves de aplicación práctica

ALVEIRO MONSALVE Z.

EL AUTOR

ALVEIRO MONSALVE Z.

Economista con larga experiencia gerencial y docente en el sector de la economía solidaria. Magister en Educación y Neuropsicología. Diplomado en Alta Gerencia cooperativa. Especializado en Gerencia de Proyectos y Tecnología de Mercadotecnia. Consultor y conferencista. Es docente investigador de la Universidad Javeriana en la Especialización en Economía social y solidaria en Bogotá.

Libros publicados: Historia de la banca cooperativa colombiana. Historia de la educación solidaria. Cien claves de la economía solidaria. Pedagogías de la solidaridad asociativa. 101 Clics sobre Cooperación Asociativa. Artículos en revistas indexadas Cooperativismo y Desarrollo y Gestión Solidaria.

Contenido

Presentacion

Este libro es para personas como usted, interesadas en obtener ideas claras sobre el origen, alcance, propósitos y características de la economía solidaria.

En todos los países de la tierra son millones las personas que a diario se relacionan y benefician con el maravilloso mundo de la economía solidaria. Muchas de ellas no son conscientes de esta relación, aunque los alimentos que consumen, la educación que obtienen, la vivienda que habitan, el vehículo de transporte público que utilizan, los servicios de salud que reciben o el crédito económico que les beneficia, provengan de miles de formas asociativas existentes en cada país.

Los conceptos propios de la economía solidaria tienen su origen y fundamento en el cooperativismo. Por eso hay que profundizar en la filosofía, teoría y doctrina de este movimiento universal, cuyos resultados prácticos en todos los pueblos de la tierra han demostrado que las personas unidas, organizadas, ayudándose entre sí, ahorrando con esfuerzo, poniendo el capital a su servicio, con ideales de mejoramiento humano sostenible, son capaces de alcanzar los sueños y esperanzas que no son posibles para el individuo aislado o excluido.

Son incontables las claves exitosas que hacen de la economía solidaria un permanente milagro de acciones provechosas para la humanidad. Aquí hemos escogido cien, pero ellas contienen tantas sugerencias implícitas que sin lugar a dudas llegan a un número indeterminado. No obstante en cualquier enumeración o lista que se haga, el individuo único, la persona común y corriente, el niño, el joven, el adulto o el anciano, es decir, esa criatura asombrosa que es cada hombre o mujer sobre la tierra, es la inconfundible clave de la economía solidaria.

Gracias por destinar parte de su tiempo a estas páginas. Aunque pequeño, este libro no es para leer de una sentada. Leyéndolo todo y releyendo algunas páginas, avanzará Usted con nuevas energías y entusiasmo, por el largo camino de la cooperación asociativa y mejorará el mundo en que habitamos.

¡Usted también es la principal clave en el proceso de la economía solidaria!

Parte I
El despertar de una nueva humanidad

1. La cooperación: primaria y natural

Cada ser humano, aunque individuo único e irrepetible, es también un animal social. Por eso vive en comunidad y se relaciona con otros seres humanos para transformar el mundo que le rodea y resolver sus propias necesidades materiales y espirituales.

- La asociación entre los seres humanos surge de una fuerza instintiva y natural, aparece de manera espontánea en la solución de las necesidades prácticas y está arraigada en el corazón mismo de la condición humana.

- El espíritu asociativo también surge de manera intencional, deliberada, voluntaria, porque en ella el ser humano encuentra un método eficaz para solucionar sus múltiples problemas dentro de la sociedad a la que pertenece.

- Cuando este espíritu asociativo se transforma en organización económica y social, se hace más fuerte y eficaz.

El principio cooperativo de la libre adhesión a una forma asociativa o de la unión libre y voluntaria dentro de una organización cuyo propósito sea la ayuda mutua, está en relación con esta necesidad primaria del ser humano. La unión y la asociación de los débiles se convierten así en una poderosa fuerza de transformación social.

2. La cooperación humana: hombres y mujeres unidos, ayudándose

En todas las culturas del mundo y a lo largo de la historia evolutiva de la humanidad, los seres humanos siempre se han unido para construir las pequeñas y grandes transformaciones de la sociedad, enfrentar los intempestivos cambios de la naturaleza y luchar por ideales colectivos.

- La cooperación es un hecho biológico y social entre los seres humanos y entre los animales.

- Se manifiesta en todos los aspectos económicos, culturales y sociales y sin ella no serían posible los más grandes logros de la humanidad.

- Hay muchas clases de cooperación, pero la cooperación a través de las empresas asociativas, tal como hoy en día la conocemos, es de reciente aparición en la historia de la humanidad.

Mediante la cooperación asociativa, el hombre se asocia con sus semejantes para resolver sus problemas, satisfacer sus necesidades, ayudarse mutuamente, trabajar en la producción de bienes y servicios, crear cultura y nuevos conocimientos, y llevar a cabo acciones económicas, sociales, culturales e inclusive científicas, religiosas, políticas y ambientales.

El ser humano podría actuar individualmente en todos estos propósitos, pero cuando descubre que su propia capacidad se potencia uniéndose con otros se anima con mayor entusiasmo a realizar sus sueños y deseos.

3. La cooperación asociativa: del individuo aislado, al ser humano solidario

El término *cooperación* se aplica en muy diferentes contextos del acontecer social. Por eso no tiene una significación precisa y única. Sin embargo en el cooperativismo podemos darle el significado de "trabajar juntos", de "ayudarse mutuamente" a través de organizaciones inspiradas en la solidaridad asociativa, con propósitos de beneficio común en lo económico, en lo social y en lo cultural.

- La cooperación asociativa se constituye en una técnica propia de un género completo de organizaciones sociales y económicas que se denominan "cooperativas".

- Por extensión se aplica a las empresas asociativas basadas en prácticas de solidaridad, autogestión, ayuda mutua, equidad y participación.

- Estas organizaciones constituyen el sector de la economía solidaria.

En los sistemas económicos nacionales existen diferentes tipos de cooperación empresarial o institucional que trabajan sobre determinados principios y estrategias. En el sistema capitalista las empresas privadas buscan afanosas la rentabilidad del capital invertido por sus dueños, para lo cual, muy a menudo, establecen sistemas de integración verticales u horizontales. Las empresas de economía solidarias se diferencian de ellas en que aplican para su desarrollo los principios y valores del movimiento cooperativo universal, aunque también se integran entre sí.

4. La producción de bienes: el dilema de la escasez o la abundancia

Para trabajar cada vez con mayor eficacia, el ser humano aplica su fuerza física, mental y espiritual, desarrolla sus propias destrezas, adquiere nuevas y mejores técnicas y aprende más y más sobre la realidad que le circunda.

- Mediante el trabajo del hombre, unido a los cambios de la naturaleza, el mundo se transforma. El ser humano trabaja día y noche para mejorar el mundo, para vivir mejor, para ayudar a otros e inclusive para darle sentido a su existencia.

- Este trabajo puede ser mental o material, individual o en grupo, espontáneo u organizado socialmente. Las industrias, las empresas, las organizaciones productivas, las variadas formas de producción económica y social, son ejemplos de trabajo colectivo organizado, cuyo propósito en el fondo, es mejorar el lugar donde vivimos.

- Pero una pregunta de fondo es saber para quién trabaja el hombre. Para acrecentar la riqueza de unos pocos o para ampliar el bienestar común de la comunidad. Se plantea entonces el dilema si el trabajo es para favorecer el bienestar de unos pocos o para alcanzar el bienestar de la mayoría.

Una de las muchas maneras de organizar la producción de bienes y servicios favoreciendo el bienestar común y construir abundante bienestar, es a través de la economía solidaria. Este sistema socioeconómico, como lo veremos más adelante, está integrado por miles de empresas asociativas en donde las personas trabajan unidas por su bienestar común y producen así la abundancia que todos necesitan.

5. La producción organizada: hombres unidos trabajando por el bien común

Para que las unidades de producción sean eficientes, prósperas, generadoras de alta productividad y contributivas al conjunto del sistema:

- Deben estar bien organizadas y administradas adecuadamente según los objetivos, necesidades y aspiraciones de sus dueños.

- Deben ser dirigidas, por lo general, con cierta participación democrática en la toma de las decisiones, aunque sean de un solo dueño.

- Deben perdurar en el tiempo y hacerse sostenibles con los resultados económicos y sociales de su producción.

En este contexto y con el mismo enfoque, entre muchas empresas existentes en el mercado, se han venido desarrollando a lo largo de muchos años y en todos los países del mundo las organizaciones cooperativas como asociaciones autónomas de personas, de propiedad conjunta, administradas por sus dueños a través de un gobierno democrático, basadas en la autogestión, en la ayuda de sus propios miembros y en la ayuda mutua.

Estas formas asociativas, componente esencial del sistema económico solidario, tienen como eje de su objeto social al ser humano, al hombre, en su dimensión integral, es decir, física y espiritual. Son organizadas con propósitos de bienestar común y tienen su propia identidad.

6. La distribución de lo producido: para todos o para unos pocos

Entre los problemas centrales de toda sociedad económica está la respuesta a tres preguntas fundamentales:

- Qué bienes se van a producir y en qué cantidades?

- Cómo se van a producir, o sea con qué medios y técnicas?

- Para quién se van a producir, es decir, quién va a disfrutar de los bienes y servicios producidos?

De la forma como se resuelvan estos tres grandes problemas en un sistema de organización económica, dependerá el bienestar social y material de las personas que lo integran. Es fundamental saber, como lo veíamos antes, si los bienes producidos son abundantes o escasos de acuerdo con el tamaño de la comunidad, si hay eficiencia o no en su producción y, ante todo, si satisfacen realmente las necesidades de todas las personas y familias.

El movimiento cooperativo mundial se ha preocupado durante los últimos 170 años, en dar respuesta adecuada a estos grandes problemas de la organización económica en cada país. La economía solidaria es una alternativa comprobadamente eficaz para producir bienes y servicios y distribuirlos de manera justa, equitativa y razonable en la sociedad, de tal manera que el ser humano eleve cada más su propia condición.

7. El espíritu solidario: progreso de la humanidad

El ser humano necesita de otros seres humanos para construir el mundo en el que vive. Por eso establece diferentes relaciones sociales, unas basadas en el propio interés individual y otras en la ayuda desinteresada a los demás.

- Se dan condiciones de explotación en las relaciones de trabajo que benefician únicamente a un pequeño grupo de individuos.

- Se dan relaciones de trabajo más o menos justas y adecuadas que producen mutua satisfacción entre empleadores y trabajadores.

- Y también se dan relaciones de mutuo apoyo entre quienes trabajan para sí mismos, de ayuda recíproca, sobre la base de una propiedad solidaria y un gobierno autogestionario.

Cuando las personas se unen voluntariamente y se ayudan a través de la cooperación recíproca para resolver sus propias necesidades, surge entre ellas una poderosa fuerza vinculante: el espíritu de la solidaridad asociativa.

Esta solidaridad hace propia la causa ajena y es la que inspira a las personas para construir el proceso de la cooperación participativa mediante la ayuda mutua, es decir, mediante el apoyo de sí mismas y para sí mismas.

8. Componentes de la cooperación: la eficacia de la organización

Cinco aspectos son indispensables para lograr que el proceso de la cooperación sea eficaz y alcance su propósito de mejoramiento social y colectivo. En las organizaciones solidarias se observan estos componentes, todos ellos sustanciales, en el proceso de la cooperación asociativa:

- El *hombre,* como gestor, alma y centro de la cooperación. Es el núcleo y razón de ser de toda organización social. Todo parte del hombre y vuelve al hombre.

- El *grupo,* que se da cuando los seres humanos se unen con un propósito común y, entonces, se hace poderoso el esfuerzo colectivo.

- La *organización,* basada por lo general en la división del trabajo, en la especialización de funciones, en el control y en los resultados.

- El *trabajo,* que es el esfuerzo físico o mental del hombre para lograr un resultado, el cual por lo general busca satisfacer sus propias necesidades. A través del trabajo, el ser humano transforma su propia realidad social y personal.

- El *objetivo,* es lo que pretenden conseguir los que se han unido con igual propósito, es su fin, su meta, el foco de su acción compartida. El objetivo a alcanzar es lo que todos desean colectivamente.

En relación con estos componentes, lo que le da carácter e identidad a las organizaciones solidarias, es el objetivo económico, social y cultural de cada uno en la búsqueda del bien común.

Parte II
Identidad en la accion solidaria

9. La identidad asociativa: una voz de sabiduría universal

Desde los comienzos del sistema capitalista, se han desarrollado diferentes formas de organización empresarial para producir bienes y servicios. Los gobiernos de cada país han sido cuidadosos en darles validez legal y consagran para ello legislaciones específicas.

En el caso de las organizaciones cooperativas es la Alianza Cooperativa Internacional, asociación que integra al movimiento cooperativo mundial fundada hace más de cien años, la que definió en 1995, en Manchester Inglaterra, las características que le dan identidad a las organizaciones cooperativas.

La declaración de la ACI define lo que es una cooperativa, expresa los valores básicos del movimiento cooperativo y revisa los principios fundamentales que orientan a las cooperativas en todos los países del mundo.

Es común confundir principios con valores:

- Los principios son leyes naturales, verdades profundas y objetivas, afirmaciones sustanciales, invariables, externas a las personas. Permiten establecer si una acción es correcta o incorrecta. Por ejemplo los mandamientos religiosos o la declaración internacional sobre derechos humanos.

- Los valores son de carácter subjetivo, pertenecientes al interior de las personas. Suelen surgir de las creencias que se tengan. Los valores inspiran la conducta de las personas, su comportamiento ético o moral, sus hábitos o costumbres. Por ejemplo la honestidad, la puntualidad, la tolerancia, el respeto.

Profundizar en la declaratoria de identidad cooperativa difundida por la ACI es una clave básica para comprender la filosofía y características de la economía solidaria, sobre todo en los valores éticos que deben identificar al movimiento cooperativo y en los principios básicos sobre los cuales se basa la acción de las formas asociativas.

En la práctica, las organizaciones comprendidas en el sistema de economía solidaria, acogen los principios y valores como guías de acción y compromiso que les dan una inconfundible identidad en todos los países del mundo.

10. Una cooperativa: un conjunto de valores y principios

La Alianza Cooperativa Internacional, en su congreso de Manchester, definió por primera vez de una manera sencilla, profunda y amplia lo que es y lo que significa la naturaleza de una cooperativa:

"Una cooperativa es una asociación autónoma de personas que se han unido en forma voluntaria para satisfacer en común sus necesidades y aspiraciones económicas, sociales y culturales, mediante una empresa de propiedad conjunta y de administración democrática".

- Fue la primera vez, en cien años, que la ACI llegó a definir lo que es una Cooperativa. Se integraron tres elementos que se complementan entre sí: definición, principios y valores.

- La definición destaca primero la parte asociativa de la organización cooperativa, como el conjunto de personas que se unen voluntariamente para resolver sus necesidades económicas, sociales y culturales.

- El concepto establece con claridad, de manera precisa, el medio para lograrlo: Una empresa y por tanto la naturaleza de su organización.

Una cooperativa tiene pues, una doble identidad: es asociación y es empresa. Es una organización social y es también una organización económica. La relación de la empresa con sus asociados, su objetivo y su forma de gobierno, es lo que la distingue y la hace única en su género.

Las organizaciones de la economía solidaria asimilan como propia esta definición y el concepto de doble identidad que encierra.

11. La libertad del primer principio: apertura y voluntad de sus miembros

Las cooperativas son organizaciones voluntarias, abiertas a todas las personas capaces de utilizar servicios y deseosas de aceptar las responsabilidades de su membresía, sin discriminación de género, clase social, política, racial o religiosa.

Este principio reafirma la importancia fundamental de que la gente elija de forma voluntaria comprometerse con la cooperativa que desea. La gente puede estar predispuesta a ser cooperadora.

- A las personas se les debe invitar a comprender en la práctica los principios y valores que identifican a las cooperativas y por tanto a las organizaciones de la economía solidaria. Comprendiéndolos se hará más libre su vinculación abierta y voluntaria.

- En el movimiento cooperativo se considera inadecuado que a la gente se le obligue a pertenecer a una cooperativa para obtener algún beneficio o porque así lo dispone algún ente gubernamental o porque de esta forma responde a determinado propósito empresarial.

Por lo general, las cooperativas sólo pueden servir de forma efectiva a un tipo y número específico de miembros, con características económicas y sociales similares. Por esta razón es comprensible que limiten su ingreso al perfil que definan en sus estatutos.

Para ingresar a una cooperativa, no deben presentarse dificultades por causa de género, ni por discriminaciones basadas en la clase social, ni mucho menos por razones étnicas, políticas, religiosas o culturales.

Desde un comienzo, el movimiento cooperativo ha fomentado el trabajo en conjunto de gente con devociones e ideologías políticas diferentes, porque precisamente las cooperativas unen a las personas para trabajar por objetivos comunes. Igual debe suceder, por ejemplo, en las cooperativas financieras o de ahorro y crédito, en relación con determinados grupos sociales o religiosos.

- El principio de asociación, está conectado estrechamente con los principios de educación y democracia.

- El asociado a una cooperativa sólo puede desempeñar su papel si está debidamente informado y si las comunicaciones con los demás asociados, con los líderes naturales, con los directivos elegidos y empleados administrativos, son realmente efectivas.

- El asociado debe sentirse involucrado con su cooperativa, consultado, escuchado y esto le generará confianza para participar activamente.

La frase *"que desean aceptar las responsabilidades de ser miembros"*, le recuerda a cada asociado que cuando se vinculó a su cooperativa adquirió compromisos y obligaciones que debe cumplir a cabalidad.

Tales obligaciones varían un tanto de cooperativa a cooperativa, pero incluyen el ejercicio del derecho al voto, la participación en las reuniones, el uso de los servicios de la cooperativa y la garantía de equidad según sus necesidades. Como resultado de este acuerdo cooperativo, se generarán unos beneficios que favorecen al conjunto de asociados y a la cooperativa.

La expresión *"capaces de utilizar sus servicios"*, es parte sustancial de este principio de asociación. El servicio al asociado, es a menudo poco entendido en su profunda razón de ser. En esencia esto significa:

- Que debe haber una relación especial entre la cooperativa y la gente a la que en primera instancia sirve.

- Que la cooperativa debe definir los negocios que gestiona, su portafolio de servicios y beneficios, la calidad de los mismos y su eficiencia, para responder a las necesidades específicas de los asociados.

- Que los planes para el futuro deben contener, como eje fundamental, el tema de los servicios que se ofrecen.

Cuando esto se comprende en la práctica, el servicio y su calidad implícita se constituyen en la principal razón de ser de la Cooperativa y en la más alta motivación para uno adherirse voluntariamente a ella.

12. La dinámica del segundo principio: gestión democrática de los miembros

Las cooperativas son organizaciones democráticas controladas por sus miembros, quienes participan activamente en la decisión de sus políticas y en la toma de las decisiones. Hombres y mujeres elegidos como representantes de sus miembros, son responsables ante ellos. En principio, los miembros cooperados tienen iguales derechos de voto (un miembro, un voto); las cooperativas de segundo y tercer nivel también son organizadas de manera democrática.

La práctica de la democracia es una acción compleja. No siempre hay la madurez social para ejercerla por cuanto ella implica derechos, pero también responsabilidades.

Democracia en una cooperativa significa:

- Que los asociados controlan en última instancia su propia cooperativa.

- Que ese control lo llevan a cabo en forma democrática, es decir, con la participación de todos.

- Que los miembros tienen derecho a involucrarse de forma activa en la determinación de políticas y la toma de decisiones claves.

- Que los representantes elegidos para gobernar la cooperativa, deben llevar a cabo sus funciones con la máxima responsabilidad y transparencia, buscando el beneficio de todos los asociados y no el particular.

Las cooperativas no pertenecen a quienes las dirigen, ni a los empleados que la administran, porque los unos fueron elegidos y los otros nombrados, para desempeñar sus roles eficientemente y responder por sus actos ante los asociados durante el tiempo que ejerzan su responsabilidad.

En las cooperativas de segundo y tercer grado, se adoptan sistemas de votación proporcional, según el grado de importancia o influencia de las organizaciones asociadas.

La elección de los representantes que gobiernan la cooperativa debe ser transparente y en ella deben participar todos los asociados hábiles, sin discriminación alguna. La expresión "un miembro, un voto", enfatiza la importancia de cada persona independiente de su nivel de aportes y ahorros en la cooperativa.

13. La lógica del tercer principio: participación económica de los miembros

Los miembros contribuyen de manera equitativa al capital de su cooperativa y lo gestionan democráticamente. Por lo menos una parte del capital, el institucional, debería ser propiedad común de la cooperativa. Los miembros por lo general reciben compensación limitada, si la hay, sobre el capital entregado como condición de la membresía.

Los miembros deben destinar los excedentes a cualquiera de los propósitos siguientes: Para desarrollo de su cooperativa, para mantener reservas, parte de las cuales por lo menos debe ser indivisible; para beneficiar a sus miembros proporcionalmente a sus transacciones con la cooperativa; y mantener otras actividades aprobadas por sus miembros.

En las cooperativas:

- El capital está al servicio de los asociados y no la cooperativa en función del capital.

- El gran propósito es satisfacer las necesidades de sus asociados y por eso invierten en ella sus aportes sociales y deciden sobre la distribución de sus excedentes en proporción a la utilización de los servicios.

- Los asociados contribuyen de manera equitativa con su capital de aportes, según su nivel de ingreso o su disponibilidad de ahorro.

- Los aportes de los asociados se revalorizan de modo limitado porque el propósito de la inversión no es lucrativo, sino contribuir a la generación de un capital social para beneficio de todos.

- Los asociados controlan el capital de su cooperativa: deciden en qué invertirlo sin exceder las normas legales.

- La capitalización es mutual y es solidaria.

Conforme prosperan las cooperativas, pueden crear reservas derivadas de los ingresos operacionales, las cuales se constituyen en parte del capital social dentro del patrimonio, y por eso no se dividen entre sus miembros cuando la cooperativa deja de existir, sino que se trasladan a otras cooperativas o instituciones sin ánimo de lucro.

14. El espíritu del cuarto principio: autonomía e independencia

Las cooperativas son autónomas, organizaciones de autoayuda controladas por sus miembros. Si ellas llegan a tener acuerdos con otras organizaciones, incluyendo gobiernos o aumentos de capital por recursos externos, deben hacerlo dentro de términos que aseguren el control democrático por parte de sus miembros y manteniendo su autonomía cooperativa.

En todas partes del mundo:

- Las cooperativas se ven afectadas por su relación con el Estado, porque los gobiernos determinan el marco legislativo de éstas y de las organizaciones solidarias. Las políticas económicas, sociales y tributarias, pueden beneficiarlas o afectarlas negativamente.

- Se puede dar una influencia contraproducente del sector empresarial o de los líderes políticos, sobre las cooperativas. Por eso hay que estar atentos al desarrollo de tales relaciones, para que éstas sean claras y abiertas y no afecten la autonomía de las formas asociativas en sus propias decisiones.

El principio de autonomía se refiere a la necesidad esencial que tienen las organizaciones solidarias de ser independientes en sus decisiones, porque son empresas privadas, al igual que las empresas controladas por capital en donde poca injerencia tienen los gobiernos.

En la interpretación de este principio se reconoce:

- Que cada vez más cooperativas y organizaciones solidarias se involucran en proyectos compartidos, a través de alianzas estratégicas, con el sector privado o con los gobiernos, lo cual no debe menoscabar su autonomía.

- Que no obstante las alianzas estratégicas, se debe preservar la libertad en la toma de las decisiones y la dirección autónoma de su propio destino asociativo.

15. La filosofía del quinto principio: educación, capacitación e información

Las cooperativas proveen educación y capacitación a sus miembros, representantes elegidos, directivos y empleados, de tal forma que ellos puedan contribuir efectivamente al desarrollo de sus cooperativas. E informan al público en general -particularmente a la gente joven y a los líderes de opinión sobre la naturaleza y los beneficios de la cooperación.

Este principio enfatiza:

- La importancia vital que desempeñaron la educación y el entrenamiento dentro de las cooperativas, y la necesidad de continuar en este empeño.

- La educación como un proceso de mejoramiento permanente en la práctica de la cooperación asociativa.

- La formación y la información necesarias para lograr que las mentes de los miembros vinculados a la empresa asociativa, particularmente los líderes, los directivos y los empleados, comprendan el espíritu, la filosofía y las características de la acción solidaria.

La capacitación sobre las buenas prácticas cooperativas y el trabajo dentro de la organización, es otro proceso de vital importancia. Su propósito es asegurar que los empleados de la entidad asociativa, los directivos, los integrantes de los comités y los delegados, adquieran las competencias adecuadas para administrar eficientemente la institución y desempeñar con eficiencia la responsabilidad que les corresponde.

Mediante la educación cooperativa:

- Se desarrollan procesos de mejoramiento continuo que fortifican el desarrollo institucional asociativo.

- Se forman verdaderos asociados con sentido de identidad y pertenencia

- Se preparan líderes que entiendan las necesidades de la sociedad y exploren nuevas oportunidades para el progreso de su propia organización. Así surgirán nuevos métodos de mejoramiento, nuevas alternativas de servicio, nuevos sistemas de organización empresarial.

Una educación cooperativa permanente, y una eficaz comunicación bilateral, asegurarán la sostenibilidad de la cooperativa en el futuro; de lo contrario el riesgo de fallar es alto.

16. El poder del sexto principio: cooperación entre cooperativas

Las cooperativas sirven más efectivamente a sus miembros y estrechan más el movimiento cooperativo trabajando unidas a través de estructuras locales, nacionales, regionales e internacionales.

Cuando hay verdadera integración:

- Las organizaciones de la economía solidaria alcanzan su máximo potencial porque se adquiere una dimensión superior a través de la colaboración práctica y las alianzas estratégicas.

- Se amplían los ámbitos de influencia y de posibilidades económicas, sociales o culturales para los asociados a nivel regional, nacional e internacional.

Las cooperativas y organizaciones solidarias en todo el mundo deben reconocer con más frecuencia la posibilidad de comprometerse en negocios compartidos. Esta es la esencia de la intercooperación económica.

- Deben involucrarse de manera práctica en nuevas sinergias de mercado, pero protegiendo con celo los intereses de los miembros.

- Deben considerar seriamente ampliar sus actividades en conjunto con otras organizaciones a nivel regional o internacional, particularmente ahora que la globalización se impone y surgen nuevos tratados bilaterales de libre comercio entre las naciones.

Las organizaciones solidarias deben reforzar sus actividades y redes de apoyo. Los organismos de integración de segundo y tercer grado, como son las asociaciones, las federaciones y las confederaciones, e inclusive los organismos auxiliares de carácter solidario, son indispensables para darle mayor fuerza al sector solidario frente a los gobiernos, los gremios sectoriales, los medios de comunicación y los líderes políticos.

17. El altruismo del séptimo principio: interés por la comunidad

Las cooperativas trabajan por un desarrollo sostenible de sus comunidades a través de políticas aprobadas por sus miembros.

Las cooperativas y en general las formas asociativas de la economía solidaria:

- Son organizaciones que por filosofía están orientadas al bienestar de la comunidad, comenzando por el beneficio de sus miembros. Deben echar raíces en sus propias localidades y solo así perdurarán.

- Debido al vínculo estrecho entre personas y beneficios, casi siempre en un espacio geográfico específico, están ligadas a sus comunidades o a sus nichos de mercado económico y social.

- Por su compenetración con la comunidad que les rodea, que es al mismo tiempo el entorno donde viven o trabajan sus miembros, están llamadas a comprometerse en mejoramientos de orden económico, social, cultural y ambiental.

Es común el dilema de quienes piensan que no debe ayudarse a la comunidad si todavía no se han satisfecho las necesidades de los asociados. Una vez más hay que invoca el principio de la solidaridad asociativa que va más allá de las propias necesidades.

En el interés por la comunidad, se incluye el compromiso con la protección del medio ambiente, el cuidado de los recursos naturales, del agua y del manejo de basuras.

El reto actual de las cooperativas y de las organizaciones solidarias, de cara a la humanidad, es favorecer por todos los medios un desarrollo humano sostenible que dignifique al ser humano y disminuya la pobreza y la exclusión social.

18. Igualdad: nadie es más que el otro y todos se ayudan entre sí

Los cooperativistas son iguales dentro de su cooperativa. En la economía solidaria, las organizaciones buscan la igualdad en los derechos y deberes de sus asociados.

- La unidad básica y central de la cooperativa es el asociado, miembro fundamental de la organización.

- La personalidad humana, como base de todas las acciones y propósitos, es una de las principales características que diferencian a una cooperativa de las empresas controladas con base en el capital.

- Los miembros de la empresa asociativa tienen derecho a participar, a ser informados, a ser escuchados y a ser involucrados en la toma de las decisiones.

Por las razones anteriores, los asociados deben ser tratados de la forma más igualitaria posible. Es este un reto difícil cuando las cooperativas se hacen demasiado grandes, sin embargo en todas las decisiones y circunstancias, los Directivos deben esforzarse en preservar el valor de la igualdad en relación con los asociados.

Los estatutos, reglamentos y normas que se establecen en las cooperativas, han de procurar el valor de la igualdad en todas sus definiciones y en la prestación de los servicios.

19. Equidad:
cada quien recibe según su participación

Lograr equidad dentro de la organización cooperativa es un reto permanente:

- La equidad se refiere en primer término a la forma en que los miembros dan y reciben beneficios económicos en la organización. De este modo se recompensan por su activa participación.

- La equidad se hace práctica cuando se distribuyen los excedentes de cada ejercicio, cuando se destinan recursos para incrementar las reservas de capital o cuando se reduce el costo de los servicios en proporción a su utilización.

Desde un punto de vista teórico, se puede afirmar que la equidad es muy importante para las cooperativas y organizaciones solidarias porque es la forma como tratan de distribuir las ganancias o riquezas, con base en la participación de cada asociado y no en la especulación del capital acumulado.

La distribución equitativa de los excedentes y la revalorización de los aportes, son beneficios que reciben los asociados en proporción a su participación a través de los aportes sociales, ahorro permanente y utilización de los servicios y por tanto no es adecuado distribuir dinero como si se tratara de dividendos en una sociedad anónima o de utilidades en una sociedad limitada.

20. Solidaridad:
el milagro permanente de la cooperación asociativa

La solidaridad tiene un significado filosófico en el desarrollo práctico de la empresa asociativa. Es un compromiso permanente. Gracias a la solidaridad humana existe la ayuda mutua. El movimiento cooperativo internacional no es otra cosa que un movimiento solidario.

La solidaridad es sustancial en el proceso de la cooperación:

- Su incorporación como valor social a las formas asociativas organizadas se remontan al solidarismo.

- Dentro de las empresas asociativas este valor asegura que la acción cooperativa sea no sólo un interés particular, sino el mejor resultado de la asociación de personas y del propósito de su unión colectiva.

- Por solidaridad, los asociados, asumen la responsabilidad de asegurarse entre sí un trato justo y equitativo como sea posible, buscando siempre el interés general y el bien de todos.

- Por solidaridad los fuertes le ayudan a los débiles y los que tienen más le dan a los que no tienen. Todos hacen propia la causa ajena.

Esta solidaridad incluye a los empleados de la empresa asociativa, a través de un trato justo y adecuada remuneración, sean o no ellos asociados. El trato justo también debe extenderse a las personas que, sin ser asociadas, tienen vínculos comerciales o institucionales con la organización.

La solidaridad también significa:

- Que la cooperativa en cabeza de sus directivos, tiene la responsabilidad de velar por el interés colectivo de sus miembros, incluyendo sus activos financieros y sociales. Esta responsabilidad es el resultado de las energías, el esfuerzo y la participación de todos.

- Que las empresas de economía solidaria son mucho más que asociaciones de individuos; son el resultado asombroso de la fuerza colectiva solidaria y de la responsabilidad mutua.

- Que cooperadores y formas asociativas están juntos construyendo el mundo del mañana. Hay fidelidad recíproca.

Las organizaciones solidarias se proponen mejorar la calidad de vida de todos sus miembros y esto es solidaridad humana. Trabajan por la comunidad y avanzan en objetivos propios del bienestar social; así lo perciben los ciudadanos comunes y corrientes y también los gobiernos. Esto es solidaridad. Un solo espíritu las une: la fuerza de la solidaridad.

21. Honestidad: el valor ético de ser uno mismo con luz y transparencia

Desde la época de los Pioneros de Rochdale, los primeros cooperativistas tenían un compromiso especial con la honestidad: sus esfuerzos se distinguían en el mercado en parte porque insistían en las características de honestidad, alta calidad y precios justos.

- El congreso mundial de la ACI reafirmó este valor cooperativo en Manchester, Reino Unido, en 1995.

- El valor ético de la honestidad entre los asociados de una cooperativa significa transparencia, honradez, justeza y rectitud en todas sus actuaciones.

Originalmente las cooperativas de trabajo se hicieron notables por la honestidad en sus sistemas de dirección. Las cooperativas financieras ganaron gran confianza de los ahorradores por la forma honesta y transparente como conducían sus negocios y pagaban los intereses. Las cooperativas agrícolas prosperaron particularmente por la alta calidad de sus productos, lo cual es una buena forma de honestidad con los consumidores.

De los representantes elegidos:

- Se espera una especial moderación en la forma de tomar las decisiones, evitando por principio ético, la doble moral que conduce a los abusos de poder.

- Los directivos de la entidad están obligados a ser modelos de honestidad en su comportamiento ético dentro de la cooperativa.

El lenguaje sencillo, transparente y sincero, unido a una positiva y desinteresada actitud de servicio así como la austeridad en la conducta, por lo general caracterizan a las personas honestas en su actuar cooperativo.

22. Transparencia: la ética de la sinceridad en la empresa asociativa

En su declaración de identidad cooperativa, en 1995, la ACI consideró el valor ético de la transparencia como un valor distintivo del movimiento cooperativo internacional.

La transparencia en el actuar asociativo significa:

- La inclinación franca y abierta, aunque respetuosa, sobre el trato con los demás miembros de la organización y con los que no son miembros.

- Una apertura sin ocultamientos en la actuación social, que se refleja en la forma de conducir la información o de considerar los hechos y que es otra forma de la honestidad cooperativa.

- Franqueza de ánimo, rectitud de conciencia, actitud honesta en todas las decisiones y operaciones que se lleven a cabo en la institución.

La información oportuna, confiable, transparente y sin manipulaciones, sobre la gestión administrativa, social, contable y financiera de la empresa asociativa, genera confianza entre los asociados, el público y el Estado.

Un cooperativista íntegro dijo que las cooperativas deberían ser como casas de cristal. Esta podría ser una buena definición de lo que significa la transparencia o la honestidad a toda prueba en una organización solidaria.

23. Servir a la comunidad: ir más allá de la comodidad individual

En el marco del XXXI Congreso mundial de la ACI, se incluyó en la declaratoria de identidad cooperativa, *"la preocupación por los otros"*, como un valor ético que debe distinguir a los cooperativistas del mundo.

- Por su capacidad financiera, por su organización como asociaciones de personas, por su estructura empresarial, por sus propósitos sociales, las formas asociativas pueden contribuir al mejoramiento de sus comunidades.

- Muchas de ellas han contribuido de forma significativa con recursos humanos y financieros a sus comunidades para apoyar programas de beneficio social, empresarial, ambiental o inclusive de carácter gubernamental.

Son muchas las formas de hacer práctico este valor social:

- Ofreciendo servicios de extensión, que apoyen soluciones a las necesidades de pobreza extrema o de hambre particularmente entre niños, refugiados, marginados y ancianos desvalidos.

- Apoyando programas específicos en salud, educación o recreación.

- Desarrollando programas de vivienda para la población menos favorecida o excluida de los beneficios sociales.

Con su preocupación por la comunidad y el medio ambiente las formas asociativas se comprometen de manera activa con los componentes claves del desarrollo humano sostenible, según las declaratorias de la ACI sobre esta materia.

La ayuda a la comunidad hace más grande el ideal solidario y le da su más alta dimensión al proceso humano de la cooperación asociativa

Parte III
Solidaridad en lo social y en lo económico

24. Los pioneros de Rochdale: tenacidad convertida en cooperativismo

En Inglaterra surgió el primer modelo en grande de organización cooperativa, el cual se extendió por Europa y un poco en Estados Unidos. Conocer la historia de esta famosa cooperativa orientada al consumo, es una interesante lección para quienes desean profundizar en los asuntos de la economía solidaria.

El 21 de diciembre de 1844, en Rochdale, distrito de Lancashire, Inglaterra, en el callejón del sapo, 28 obreros desempleados dieron inicio a la primera cooperativa en la forma de *"Almacén Cooperativo"* inspirados en principios establecidos por ellos mismos. Su razón social perduró por mucho tiempo: *"La Sociedad de los justos pioneros de Rochdale".*

En la misma época de los Pioneros de Rochdale, aprendiendo de esta valiosa experiencia, se destacaron dos líderes sociales en su empeño de llevar a la práctica las teorías existentes sobre cooperativismo con sus principios y valores: Hermann Schulze Delitzch (1808-1883) y Federico Guillermo Raiffeisen

(1818-1888).

Ambos desarrollaron por separado sistemas de ahorro y crédito entre agricultores, campesinos y artesanos, basados en la autoayuda y en la mutua solidaridad. Esto dio origen a las *"Cajas de Ahorro y Crédito"* que hoy en día perduran como entidades bancarias y tienen gran importancia en el sistema financiero alemán.

En 1815 Robert Owen, reconocido como el padre de la cooperación, propuso ante el Parlamento inglés un nuevo orden económico y social a través de "aldeas cooperativas" basadas en el trabajo asociado de todos sus miembros. Posteriormente el médico inglés William King transformó la propuesta de Owen en cooperativas especializadas de consumo y producción, conformadas por trabajadores asalariados.

A comienzos del siglo XX Charles Gide, George Fauquet y Ernest Poisson impulsaron, también en Francia, la aplicación práctica del cooperativismo de consumo y producción a través de la Escuela de Nimes.

25. El cooperativismo: pensamiento filosófico y práctica real

El cooperativismo, referente y modelo de la economía solidaria como práctica social y económica:

- Tiene una profunda base teórica y doctrinal originada en destacados pensadores sociales.

- Se inspira en principios y valores revisados a lo largo de cien años en diferentes congresos mundiales.

- Tal como lo conocemos hoy en día, el cooperativismo es el resultado de un largo proceso histórico.

Desde la incipiente cooperación tribal de los antepasados en la caza y en la agricultura, hasta las modernas organizaciones asociativas de la actualidad, el ensayo y el error, la experimentación y el análisis, así como la verificación de resultados positivos y tangibles han permitido encontrar los métodos más adecuados para desarrollar un cooperativismo eficaz.

- Las organizaciones de la economía solidaria, como sistema socioeconómico, han tomado del cooperativismo sus características básicas, su filosofía, sus principios y sus mejores prácticas.

- La economía solidaria al igual que el cooperativismo resume, interpreta y recoge la experiencia social del hombre en su búsqueda de un mundo mejor basado en la igualdad, la justicia y la libertad.

Actualmente el sector de la economía solidaria es una realidad económica y social que se presenta como alternativa para el desarrollo de los pueblos en el mundo. Por su dinámica social, por su filosofía, por sus valores y principios, se constituye en un poderoso movimiento cuyos miembros, más de novecientos millones de personas, se hallan en todas las naciones de la tierra con sus sueños, luchas y esperanzas.

26. Acción económica y social: el doble enfoque cooperativo

Para comprender la esencia y filosofía de la economía solidaria, es necesario remontarnos al pensamiento de quienes podemos considerar como los precursores del cooperativismo actual.

- Los *socialistas utópicos* y los *socialistas científicos,* entre los años 1500 y 1800, enunciaron las primeras ideas que dieron origen al cooperativismo.

- La revolución industrial capitalista, con sus aportes tecnológicos y sus iniquidades sobre la fuerza laboral de entonces, motivó la preocupación de algunos pensadores de la época para instaurar un nuevo orden socioeconómico que resolviera los graves problemas de miseria y explotación generados por el capitalismo.

Entre los precursores bien vale la pena conocer las acciones y escritos de Robert Owen y William King, ambos ingleses y de los franceses Charles Fourier, Felipe Buchez, Louis Blanc, Jorge Fauquet y Charles Gide.

- Siempre se demostró preocupación por desarrollar modelos de organización económica en donde el capital fuera un medio y no un fin para el logro de los objetivos sociales.

- Las asociaciones de personas unidas para ayudarse fueron el núcleo central de todas las experiencias cooperativas iniciales.

Desde el siglo XIX el cooperativismo se viene afianzando como movimiento social y económico desarrollado en criterios de solidaridad, democracia y ayuda mutua con el propósito de eliminar los conflictos de interés y los privilegios o beneficios personales y excluyentes. El movimiento cooperativo no es lo mismo que sector cooperativo

27. Ayuda mutua y esfuerzo propio: eficaces herramientas de cooperación

La ayuda mutua y el esfuerzo propio, son valores esenciales en la práctica cooperativa.

- La ayuda mutua, al igual que la autoayuda, se basan en la convicción humana de que todo es posible si la gente se ayuda entre sí.

- La práctica permanente de la ayuda mutua, hace que el destino de las personas sea más llevadero, se haga más fácil el progreso humano y se genere una mayor confianza en el futuro. Lo importante es el fruto social equitativo de esta ayuda recíproca.

- Las organizaciones solidarias demuestran cada día, que el desarrollo de una comunidad con alto sentido asociativo, se alcanza más fácilmente a través de la mutualidad que con los esfuerzos individuales y aislados de las personas.

A través de la acción conjunta y la responsabilidad mutua, se alcanzan mayores y más rápidos progresos sociales en las cadenas productivas, en el mercado de bienes y servicios, en la esfera política y ante los gobiernos del mundo.

La ayuda mutua debe convertirse en práctica educativa para que los miembros asociados aprendan de su propia organización solidaria, desarrollen destrezas en el proceso de ayudarse a sí mismos y generen nuevas ideas de cooperación para enfrentar las contingencias de la condición humana.

28. Dimensión económica: autoayuda en la empresa organizada

El sistema de la economía solidaria está constituido por el conjunto de empresas asociativas, como unidades de producción y de consumo:

- Cooperativas, fondos de empleados, sociedades mutuales, asociaciones de segundo y tercer grado, organismos auxiliares, Centrales cooperativas, entre otras.

- Son empresas jurídicas sometidas a un régimen legal específico. Son de responsabilidad limitada. La responsabilidad de los asociados se limita al valor de sus aportes. La responsabilidad de la entidad jurídica para con terceros, se extiende al monto del patrimonio social.

- Deben operar en el mercado como cualquier otro tipo de empresa.

La mayor parte de las organizaciones solidarias son empresas productivas comerciales, de servicios o proveedoras de insumos industriales.

- Se establecen cuando la población experimenta una necesidad económica que no se ha atendido adecuadamente.

- Su naturaleza económica y social les permite contribuir eficazmente al desarrollo humano sostenible.

- Cuando se hacen grandes, proporcionan ciertas economías de escala que las hace más competitivas en el mercado.

En su dimensión económica, el sector de la economía solidaria puede llegar a ser tan poderoso en su contribución al desarrollo económico de un país, como cualquier grupo empresarial capitalista.

29. Dimensión social: unión de personas para el bienestar social

Las empresas asociativas en su doble identidad, tienen un componente esencial en su organización: lo social.

- La asociación de personas que se han unido para ayudarse entre sí. Las empresas asociativas son sociedades de personas, no de capital.

- En ellas los asociados son sujetos, actores, objeto y fin de cada organización.

- El ser humano es el eje de todas las decisiones.

- Lo social se debe equilibrar con lo económico.

La función social de las formas asociativas con frecuencia ha sido mal comprendida y mal interpretada:

- Hay quienes creen que son entidades de beneficencia o de servicios asistenciales y consideran que los servicios deben ser gratuitos.

- En algunos casos los gobiernos hacen indebido aprovechamiento de las organizaciones solidarias y las aprovechan para alcanzar beneficios políticos.

- Todavía hay personas que ven en las formas asociativas, organizaciones de pobres unidos para administrar pobreza y pierden de vista la riqueza que muchas de ellas administran.

Las empresas asociativas están llamadas a desempeñar una importante función social, que depende de la voluntad y propósito de sus miembros.

Esta dimensión social, unida a la gestión económica, es la vía que escogen muchos grupos humanos desfavorecidos, con el propósito de promover la solución de sus propias necesidades comunes y generar riqueza social para todos. La incorporación de la mujer y de los jóvenes en estos propósitos sociales ha sido de vital importancia en el nuevo desarrollo de las formas asociativas.

30. Identidad empresarial: para competir en el mercado

Las empresas asociativas del sector de la economía solidaria tienen el reto de competir en el mercado, con las demás empresas del sistema económico:

- Deben saber claramente qué las hace diferentes, únicas e inconfundibles entre las múltiples alternativas que tienen las personas para adquirir sus bienes y servicios.

- Los recursos económicos, físicos, tecnológicos y el talento humano no son los que diferencian a las organizaciones solidarias de las demás empresas. Ni siquiera sus servicios.

- Lo que las hace únicas, lo que les da una clara diferenciación competitiva, es su manera de servir con calidad y eficiencia a las personas asociadas y no asociadas, bajo los principios y valores de la solidaridad asociativa.

No nos cansaremos de repetir que la mejor ventaja competitiva de las formas asociativas se da cuando los resultados de la cooperación se hacen manifiestos gracias a la aplicación de la filosofía solidaria y mutualista, basada en el poder de la autoayuda, la gestión democrática de los dueños, en la equidad económica, en la igualdad de las personas y en la honestidad y la responsabilidad social de quienes dirigen a la empresa. El modelo cooperativo es una nueva manera de hacer negocios.

31. Las empresas asociativas: un rol específico en la dinámica económica

La mayor parte de las formas asociativas del mundo:

- Son empresas comerciales que suministran servicios a los consumidores en las áreas de consumo, ahorro, crédito, vivienda, seguros, turismo, salud, educación, transporte, entre otros.

- Son empresas productivas que apoyan a otros productores a través de la comercialización agropecuaria, el comercio justo, la transformación de bienes industriales, la pesca, las artesanías, los insumos para pequeñas empresas, el suministro de materias primas, la vigilancia y seguridad, entre otros.

Si miramos el conjunto del sistema socio económico capitalista de un país, encontramos que dentro de ese formidable engranaje de unidades productivas en los diferentes sectores y subsectores, las organizaciones de la economía solidaria aparecen contribuyendo a la producción nacional con productos y servicios, pero también con un gran componente de bienestar social que no siempre es medible por las estadísticas económicas.

32. La empresa asociativa: un mundo real de servicios y beneficios

Pertenecer a una cooperativa o a un fondo de empleados significa un agregado de servicios y beneficios que se constituyen en una alternativa diferente dentro de las opciones que el asociado encuentra en el mercado.

- Ese portafolio único de bienes, servicios y beneficios, es lo que hace atractivo para el asociado pertenecer a su empresa asociativa.

- La forma como se ofrece el servicio de la empresa asociativa, le da carácter e identidad en el mercado. Por eso la prefiere el asociado entre otras muchas opciones que le ofrecen.

Los bienes y servicios que ofrecen las empresas de la economía solidaria, satisfacen necesidades específicas de los asociados. Por eso las personas las organizan y las prefieren. Por eso se identifican con ellas en su comunidad.

- Se benefician con los precios económicos, el fácil acceso al crédito, la atención personalizada, el bajo costo de la intermediación y la calidad de los servicios.

- Obtienen el retorno de los excedentes cuando hay una buena gestión administrativa.

- En algunos casos, los buenos servicios se hacen extensivos al grupo familiar del asociado.

En la prestación de buenos servicios, desempeña un papel muy importante la alta dirección. De ahí que en el gobierno y en la administración deban participar los miembros más activos y capaces de la organización.

El capital social, acrecentado permanentemente con el aporte y el ahorro de todos los asociados, se convierte en el mejor soporte económico para beneficio equitativo de todos los cooperados a medida que utilicen los servicios.

33. Fondos de empleados: unidos para alcanzar bienestar y desarrollo

A mediados del siglo pasado, grupos de empleados ahorraban durante el año una pequeña parte de su salario para gastarlo en actividades decembrinas.

Esta modalidad de ahorro en grupo, dentro de las empresas, se fue desarrollando sin legalidad. Las autoridades oficiales comenzaron a exigir su legalización en las oficinas jurídicas departamentales o municipales.

Sobre el origen legal de los Fondos de Empleados:

- Cuando se organizaron legalmente incorporaron en su normatividad los principios cooperativos y las características de la mutualidad.

- Prestaban servicios de ahorro y crédito y desarrollaban algunas actividades de carácter comercial, con pequeños negocios que beneficiaban sólo al grupo de personas asociadas.

- Pero al ser tan bajos los volúmenes comerciales y no poder ser competitivos, porque no vendían al público en general, dejaron de lado estas actividades y prefirieron especializarse en ahorro y crédito.

El Decreto 1481 de 1989, regula a los Fondos de Empleados con base en la Ley 79 de 1988, marco jurídico del cooperativismo. Esta similitud en las normas y por diferentes motivos, llevó a muchos Fondos a convertirse en cooperativas.

Hoy en día los Fondos de empleados:

- Son un gran componente del sector de la economía solidaria.

- Prestan servicios de ahorro y crédito para sus asociados y otros servicios adicionales como pólizas de seguros, servicios médicos, funerarios o de recreación y turismo, auxilios diversos y establecen con terceros convenios comerciales que favorezcan a sus asociados. Realizan también con las entidades empleadoras, de manera conjunta o por el sistema de outsoursing, actividades y negocios complementarios.

Los Fondos de Empleados están integrados por trabajadores asalariados dependientes de empresas públicas o privadas, tienen vínculo con una misma institución o empresa o con sociedades que declaren la unidad de empresa o sean dependientes entre sí por razón de su actividad económica. Además de los aportes sociales, los asociados se obligan al ahorro permanente dentro de su Fondo con base en su ingreso salarial.

34. Cooperativas de trabajo asociado: trabajo digno y sostenible

El trabajo es una maravillosa expresión de la naturaleza humana que le permite al hombre transformar su entorno y desarrollar una creatividad tal, que gracias a este esfuerzo racional privilegiado, nunca cesará el desarrollo de la humanidad mientras exista.

- El desarrollo histórico de los sistemas productivos nos ha traído hoy en día la modalidad de trabajo dependiente o asalariado o el trabajo independiente en todas sus manifestaciones.

- Diferente a estas dos modalidades es el trabajo asociado como alternativa de organización empresarial para los trabajadores que a su vez son dueños.

El trabajo asociativo de naturaleza cooperativa es la actividad humana libre, material o intelectual que desarrolla en forma autónoma un grupo de personas naturales que han acordado trabajar mancomunadamente bajo sus propias reglas internas y regular sus relaciones laborales. Obtienen a cambio una justa y equitativa compensación, con base en los resultados obtenidos por la organización.

- Las cooperativas de trabajo asociado son empresas productivas organizadas para generar bienes y servicios con criterios de rentabilidad y eficiencia; son también asociaciones en las cuales las relaciones de trabajo se desarrollan de acuerdo con las prácticas cooperativas.

- Estas cooperativas son empresas asociativas sin ánimo de lucro que vinculan el trabajo personal de sus asociados y sus aportes económicos para la producción de bienes y servicios, ejecución de obras o prestación de servicios en forma autogestionaria.

Según la legislación colombiana, en concordancia con postulados internacionales aprobados por la ACI y CICOPA, las cooperativas de trabajo asociado:

- No pueden ser intermediarias de otro agente económico ni utilizadas para suministrar mano de obra o subcontratar trabajo a empresas privadas ni estatales ni a otros agentes económicos.

- Pueden dedicarse a la producción de bienes tangibles, prestación de servicios o ejecución de obras. Así, los asociados trabajadores, dueños de su propia empresa, trabajan en ella, producen lo que venden a terceros y generan conjuntamente su propia remuneración sin tener que depender de un empleador.

Parte IV
Movimiento solidario organizado

35. Alianza Cooperativa Internacional: el poder de millones de personas

Es interesante conocer la dimensión del movimiento cooperativo a nivel mundial, sus objetivos en un escenario de globalización, así como las grandes discusiones en torno a la aplicación de los principios y valores que identifican a las organizaciones cooperativas. Estos temas han ocupado a la Alianza Cooperativa Internacional –ACI- durante más de cien años.

- A finales del siglo XIX líderes cooperativistas, de Gran Bretaña, Francia, Italia y Alemania, pensaron en la conveniencia de una alianza que integrara cooperativas de producción y de trabajo con las cooperativas de consumidores.

- No fue fácil conciliar los intereses gremiales entre los cooperativistas orientados a la producción asociativa y las cooperativas británicas de consumo.

En 1895, en Londres, sesionó durante una semana el primer Congreso internacional del movimiento cooperativo con representantes de varios países europeos y delegados de Asia, Norteamérica y Argentina.

La sede de la ACI se encuentra en Ginebra Suiza, con oficinas regionales para todos los continentes del mundo. Cada dos años se llevan a cabo las Asambleas Generales en diferentes países y se alternan con las Asambleas regionales realizadas también cada dos años.

Una Junta Directiva supervisa el funcionamiento de la ACI a nivel mundial y coordina diferentes organizaciones y comités especializados del movimiento cooperativo internacional.

En la histórica ciudad de Cartagena, del 17 al 23 de septiembre del 2005, Colombia tuvo la feliz oportunidad de acoger a delegados de todo el mundo que participaron en la Asamblea General de la Alianza Cooperativa Internacional –ACI–.

36. Declaratoria de la identidad cooperativa: la guía del camino asociativo

La declaratoria sobre la identidad cooperativa es el documento guía del movimiento cooperativo internacional que expresa los valores y principios que deben practicar los miembros de las cooperativas en todos los países del mundo.

Esta declaratoria fue el resultado del XXXI Congreso Mundial de la Alianza Cooperativa Internacional –ACI llevado a cabo en Manchester, Reino Unido, el 23 de septiembre de 1995.

En el documento se concluye que los principios cooperativos en conjunto son la fuerza vital del movimiento, porque:

- Amoldan las estructuras y determinan las actitudes que le dan perspectivas diferentes al movimiento cooperativo.

- Los valores inspiran la acción cooperativa y le dan un profundo e inconfundible valor ético.

- Sobre estos valores se fundamentan los principios como directrices practicadas por varias generaciones de experiencia para desarrollar las organizaciones cooperativas.

- Los principios son flexibles, aplicables en las diferentes culturas y nacionalidades. No obstante en todas partes reafirman su esencia filosófica y social

La ACI reconoce que se necesitan cooperadores bien formados para adaptar los principios a la naturaleza democrática de sus instituciones, a las características de los diferentes aportantes, a la naturaleza solidaria de la propiedad, a las legislaciones nacionales y a la distribución de los excedentes que se originan.

La declaratoria sobre la identidad cooperativa, emitida por la ACI, es un documento que bien vale conocer, analizar y profundizar, porque encierra una de las mejores claves sobre la identidad de la economía solidaria.

37. Economía solidaria: autoayuda para construir un mejor mañana

En el movimiento cooperativo la expresión *"economía solidaria"* se incorporó en los últimos años al lenguaje corriente de los cooperativistas, tal vez por la necesidad de integrar en un solo concepto a las cooperativas con las demás formas asociativas existentes. En américa Latina se hace énfasis en economía solidaria. En Europa se prefiere el enfoque de economía social.

En lenguaje técnico existen diferentes conceptos, interpretaciones y aplicaciones sobre la definición, alcance, fines y objetivos de la economía solidaria a diferencia del cooperativismo original y de los conceptos sobre economía social de mercado.

- El ámbito macroeconómico se refiere a grandes agregados: ingreso, producción, inversión, gasto y ahorro de un país. Estos agregados incluyen la contribución de las formas asociativas al conjunto de la economía nacional.

- El ámbito microeconómico se refiere a las unidades productivas tomadas por separado: ingresos, costos, precios, utilidades, productividad, eficiencia, competencia en el mercado. Aquí se incluyen las unidades asociativas de la economía solidaria, como productoras de bienes y servicios.

En general, las empresas de economía solidaria, actúan dentro de la economía del mercado capitalista y están sujetas a todos los efectos de su dinámica económica y social, aunque se caracterizan por la primacía de sus componentes sociales y jurídicos en relación con el bien común que se proponen alcanzar.

Su objeto es el desarrollo integral de las personas en un contexto social y empresarial, disponiendo del capital económico solidario al servicio del hombre, con equidad en la propiedad, en la distribución y en el consumo.

Por los motivos anteriores, se define a la economía solidaria como un sistema socioeconómico conformado por el conjunto de las formas asociativas que se identifican por sus prácticas autogestionarias solidarias, democráticas y humanistas, sin ánimo de lucro y cuyo propósito es el desarrollo integral del ser humano como sujeto, actor y fin de la economía de un país.

38. Economía social y solidaria: con espíritu humano, social y transformador

Hay un espíritu propio que mueve a la economía social y solidaria, que le da identidad, carácter, fortaleza, y que al mismo tiempo inspira la filosofía de su propia naturaleza. El espíritu de la solidaridad.

Este espíritu altruista alienta el quehacer de la economía solidaria:

- Inspira el pensamiento y la acción de las personas que participan en las diferentes organizaciones asociativas de la economía solidaria.

- Refleja solidaridad, cooperación, ayuda mutua y participación.

- Motiva la administración democrática y autogestionaria de las empresas asociativas.

- Fundamenta la adhesión voluntaria, responsable y abierta, que lleva a la fidelidad del asociado con su organización.

La propiedad solidaria sobre el capital social y sobre los recursos de la institución, implica un alto sentido de responsabilidad social. A diferencia de la propiedad privada y de la propiedad pública, permite una participación económica justa y equitativa de los asociados en los resultados de la empresa.

El espíritu de solidaridad, asegura la calidad de la acción y de la cultura solidaria:

- A través de la educación y la formación cooperativas, la pedagogía para la solidaridad es la base para transformar positivamente conductas y actitudes en el camino de la cooperación asociativa.

- Defendiendo la autonomía y el autogobierno, así como el ejercicio del autocontrol. Esto requiere madurez humana de quienes dirigen la organización asociativa.

- Haciendo eficaz el servicio a la comunidad y el desarrollo sostenible de hombres y mujeres, a través de la cultura solidaria.

El espíritu de solidaridad debe ser un anhelo permanente entre los miembros de cada organización solidaria.

La práctica de los valores cooperativos afianzan el espíritu de la acción solidaria: honestidad, participación, fidelidad en la democracia y una actitud siempre favorable para ayudar a los demás.

39. Supervisión y apoyo: compromiso del Estado con la economía solidaria

En Colombia, la Ley 79 de 1988 es el marco jurídico general que rige las formas asociativas comprendidas en el sistema de la economía solidaria.

- Los Decretos 1480 y 1481, reglamentan las Asociaciones Mutuales y los Fondos de Empleados respectivamente.

- Los Decretos 468 y 1333 reglamentan las Cooperativas de trabajo asociado y las Precooperativas respectivamente.

- La Ley 454 de 1998, complementa la Ley 79 de 1988, ampliando el marco conceptual sobre la economía solidaria.

Los siguientes son organismos de vigilancia y apoyo auspiciados por el Estado que establece las políticas públicas sobre el sector solidario:

- **Superintendencia de la Economía Solidaria:** Es un organismo descentralizado, técnico, adscrito al Ministerio de Hacienda y Crédito Público creado para ejercer vigilancia, inspección y control sobre las entidades de la economía solidaria.

- **Fondo de Garantías de entidades cooperativas –Fogacoop–:** Organismo oficial que depende del Ministerio de Hacienda y Crédito Público. Su objetivo es proteger el ahorro de los asociados vinculados a cooperativas financieras o de ahorro y crédito.

- **Unidad Administrativa Especial de las Organizaciones Solidarias:** Como el Ministerio de Trabajo, su propósito es coordinar la política estatal para la promoción, planeación, protección, fortalecimiento y desarrollo empresarial de las formas asociativas.

El Consejo Nacional de la Economía Solidaria –CONES y el Fondo de Fomento de la Economía Solidaria –FONES son igualmente organismos de apoyo a la Economía Solidaria creadas por la Ley, aunque no funcionan regularmente.

40. Formas asociativas diferentes: para responder a variadas necesidades

La ley 79 de 1988 diferencia las clases de cooperativas, según el desarrollo de sus actividades:

- **Especializadas:** Se organizan para atender una necesidad específica correspondiente a una sola rama de la actividad económica, social o cultural.

- Por ejemplo, las cooperativas especializadas de ahorro y crédito, las de aportes y crédito y las financieras. También las especializadas en salud, transporte, seguros, vivienda, turismo, educación, vigilancia, entre otras.

- **Multiactivas:** Las que se organizan para atender varias necesidades de diferentes actividades económicas, sociales o culturales mediante la concurrencia de servicios en una sola entidad jurídica. Los servicios o tipos de negocio se organizan en secciones independientes de acuerdo con las características de los mismos. Por ejemplo, las que ofrecen simultáneamente a sus asociados servicios de ahorro, crédito, mercadeo, salud, vivienda, educación, seguridad social, entre otros, y son una misma entidad jurídica

- **Integrales:** Las que en desarrollo de su objeto social realicen dos o más actividades conexas y complementarias entre sí. En ellas, las actividades de producción, por ejemplo, se pueden complementar con las de mercadeo o comercialización; las de consumo con las de logística; o las de salud con las de recreación social.

La ley precisa y define los tipos de cooperativas en los casos específicos de las cooperativas especializadas de consumo, salud, vigilancia y seguridad privada, educación, seguros, transporte, vivienda, agropecuarias, financieras, ahorro y crédito, precooperativas y trabajo asociado.

Según el criterio de identidad las cooperativas son de usuarios, cuyo objetivo es prestar servicio a los asociados o son de trabajo asociado, en donde trabajan los miembros que la constituyen.

41. Actividad financiera cooperativa: un propósito, un carácter y un enfoque

Dentro del sistema financiero nacional, un cierto número de cooperativas se desempeñan como instituciones de intermediación financiera reconocidas por la Ley.

- Las cooperativas de ahorro y crédito, las financieras y las multiactivas con secciones de ahorro y crédito, ejercen la actividad financiera cooperativa en los términos que define la legislación sobre la materia.

- Las cooperativas financieras pueden prestar sus servicios a terceros no asociados. Las de ahorro y crédito y las multiactivas, únicamente a sus propios asociados.

Por actividad financiera cooperativa se entiende la captación de depósitos a la vista o a término de asociados o de terceros para colocarlos nuevamente a través de préstamos, descuentos, anticipos u otras operaciones activas de crédito y, en general, el aprovechamiento o inversión de los recursos captados de los asociados o de terceros.

Las normas legales definen:

- La actividad financiera del cooperativismo se ejercerá siempre en forma especializada por las instituciones financieras de naturaleza cooperativa, es decir, las cooperativas financieras y las cooperativas de ahorro y crédito.

- Las cooperativas multiactivas o integrales podrán adelantar la actividad financiera exclusivamente con sus asociados mediante secciones especializadas.

- La actividad aseguradora del cooperativismo se ejercerá siempre en forma especializada.

Las cooperativas, que captan ahorro y prestan servicios a no asociados, son vigiladas por la Superintendencia Financiera. Las cooperativas de ahorro y crédito y las multiactivas con sección de ahorro y crédito, son vigiladas por la Superintendencia de la Economía Solidaria.

42. Organizaciones solidarias: tan humanas como las personas y familias

Las cooperativas, los fondos de empleados, las asociaciones mutuales y en general las demás formas asociativas, se desarrollan en ámbitos cerrados o abiertos según sea el vínculo común o el nicho de mercado donde pertenece el núcleo de sus asociados.

En lenguaje común se hace esta diferencia:

- "Cooperativas con vínculo cerrado", en las cuales los asociados por lo general tienen vinculo laboral, comercial o histórico con una o más empresas afines en su objeto social.

- "Cooperativas de vínculo abierto", admiten asociados de diferentes áreas sociales y económicas, aunque su sede se encuentre en una comunidad específica.

Las organizaciones de economía solidaria se pueden asociar entre sí para cumplir de mejor modo sus fines económicos, sociales o culturales. Para ello conforman organismos de segundo grado de carácter regional o nacional.

Aquí cabe la denominación de "centrales cooperativas", con carácter de federaciones, integradas por entidades jurídicas, que pueden ejercer o no actividad financiera, según su objeto social. Las que son de índole económica deben ser especializadas en su rama o actividad específica.

43. Legislación cooperativa: fuentes y criterios de racionalidad humana

En el ámbito internacional, según los postulados de la ACI y de la OIT, se han desarrollado lineamientos generales que enmarcan las legislaciones cooperativas de cada país. Aquí se resaltan algunos de ellos:

- **La asociación voluntaria y abierta** y el derecho de retirarse libremente, dentro de los límites del objeto social. Se relaciona con el principio de las puertas abiertas, es decir no discriminación en cuanto a género, origen social, raza, afiliación política o religiosa. La libre voluntad de los asociados para trabajar juntos constituye una de las claves de su motivación. Esto es incompatible con toda pretensión de hacer obligatoria la asociación de las personas.

- **La autodeterminación**, que significa financiación propia, administración autónoma, responsabilidad social, autogestión y control democrático. A las cooperativas se les debe permitir regular sus asuntos internos libres de influencias externas, ya sea del Gobierno o de cualquier otro actor. No debe haber discriminación, es decir, en contra de las cooperativas, ni tampoco cuando se conceden privilegios y ventajas. Las cooperativas deben actuar en el mercado, en iguales condiciones que los competidores.

- **El aporte económico** de los asociados, está destinado a solventar las actividades de la cooperativa.

- **Los administradores** de la cooperativa deben suministrar información transparente sobre su gestión, a todos los asociados.

- **Control conjunto**: Es fundamental reiterar el principio de que los asociados fundan, financian, poseen, administran, usan y controlan conjuntamente su cooperativa.

Los servicios que ofrece la cooperativa son para sus propios asociados. Continúa el debate de si las cooperativas deben servir exclusivamente a sus asociados o si también debieran servir a sus comunidades.

Por su filosofía, las cooperativas defienden los intereses de sus asociados, pero ello no debe ir en contravía, la seguridad económica, la justicia social y el equilibrio ecológico de sus propias comunidades.

44. Superintendencia de la Economía Solidaria: el Estado atento

La Superintendencia de la Economía Solidaria tiene por objeto supervisar al sector cooperativo, en particular, la actividad financiera cooperativa y los servicios de ahorro y crédito de los fondos de empleados y asociaciones mutualistas y en general el aprovechamiento o inversión de los recursos captados de los asociados por parte de las organizaciones de la economía solidaria.

La supervisión de la Superintendencia se divide en tres funciones:

- **Vigilancia:** el Estado sólo observa la conducta de los particulares sin que esto represente para aquellos ninguna carga o interferencia directa en sus actividades; por ejemplo hacer un análisis financiero.

- **Inspección:** hay una carga directa para el administrado, por ejemplo la facultad para hacer una visita administrativa.

- **Control:** es el grado más alto de supervisión: de manera excepcional la Superintendencia interfiere directamente en la autonomía de las entidades vigiladas. Por ejemplo, la posesión para administrar o liquidar una entidad.

Objetivos y finalidades de la Supersolidaria:

Controlar, inspeccionar y vigilar las entidades que cobija su acción. Proteger los intereses de los asociados miembros de las organizaciones de la economía solidaria, de los terceros y de la comunidad en general. Velar por la naturaleza jurídica, la correcta utilización de los recursos y el cumplimiento del propósito no lucrativo de estas entidades.

En relación con las cooperativas que ejercen la actividad financiera cooperativa, la Supersolidaria ejerce las siguientes funciones: Autorización u objeción para su funcionamiento. Autorización para el ejercicio de sus actividades. Control, inspección y vigilancia. Prevención y sanción. Certificación y publicidad.

En la Superintendencia hay dos Delegaturas: Delegatura para la supervisión de la actividad financiera del cooperativismo. Y Delegatura para la supervisión del ahorro y de la forma asociativa solidaria.

Las entidades sujetas a la inspección, control y vigilancia de la Superintendencia de la Economía Solidaria, se clasifican en tres niveles de supervisión, de acuerdo con el nivel de activos y el ejercicio o no de actividades financieras.

45. Entidades supervisadas: calidad, eficiencia y control, en ese orden

Es el Presidente de la República quien ejerce la inspección, control y vigilancia de las organizaciones de la Economía Solidaria, no sometidas a la supervisión especializada del Estado, y lo hace por conducto de la Superintendencia de la Economía Solidaria, de conformidad con las leyes marco del cooperativismo y los decretos leyes correspondientes.

Entidades que se encuentran bajo la supervisión de la Superintendencia:

1. Del sector cooperativo

- Las cooperativas de base o de primer grado
- Los organismos de segundo y tercer grados
- Las instituciones auxiliares del cooperativismo
- Las precooperativas
- Las cooperativas de servicios públicos

2. Otras formas asociativas

- Fondos de empleados
- Asociaciones mutuales
- Cooperativas de trabajo asociado
- Instituciones auxiliares de la economía solidaria
- Organismos de integración de la economía solidaria
- Otras formas asociativas solidarias innominadas.

3. Las organizaciones de la economía solidaria que mediante acto de carácter general determine el Gobierno Nacional.

Hay cooperativas que en virtud de fallos del Consejo de Estado, no se encuentran bajo la supervisión de la Superintendencia de la Economía Solidaria:

- Las cooperativas de vigilancia y seguridad privada

- Las cooperativas de transporte marítimo y terrestre

En resumen, la Superintendencia de la Economía Solidaria supervisa las organizaciones de la economía solidaria que se acojan a los principios y fines de la economía solidaria previstos en los artículos 4, 5 y 6 de la Ley 454 de 1998.

46. Unidad Administrativa Especial de Organizaciones Solidarias: el reto de construir un nuevo mundo solidario

La Unidad Administrativa Especial de Organizaciones Solidarias, tiene como objetivos: dirigir y coordinar la política estatal para la organización, planeación, protección, fortalecimiento y desarrollo empresarial de las organizaciones de la economía solidaria.

Sus funciones resumidas asignadas por la Ley son:

- Formular y coordinar la política del Gobierno Nacional con respecto a las organizaciones de la Economía Solidaria, con sus respectivos planes, programas y proyectos de fomento y protección.

- Adelantar estudios, investigaciones y llevar estadísticas que permitan el conocimiento de la realidad de las organizaciones de la Economía Solidaria y de su entorno para el mejor cumplimiento de sus funciones.

Promover la creación y desarrollo de los diversos tipos de entidades de economía solidaria e impulsar y apoyar la acción de sus organismos de integración y fomento.

- Divulgar los principios, valores y doctrina por los cuales se guían las organizaciones de la economía solidaria y promover la educación y la capacitación en gestión socio empresarial para este tipo de entidades.

Posteriormente, mediante Decretos se le asignaron estas funciones:

- Fomentar, apoyar y promover la constitución y desarrollo de empresas y/o proyectos productivos de carácter solidario de iniciativa de las organizaciones comunales.

- Desarrollar programas de capacitación, asistencia técnica, fomento y fortalecimiento dirigidos a las organizaciones de voluntariado, ODV y a las entidades con acción voluntaria ECAV, inscritas en el Sistema Nacional de Voluntariado.

Mediante la ley 454 de 1998, el anterior Departamento Nacional de Cooperativas DANCOOP, se había transformado en dos entidades: la SUPERSOLIDARIA (Supervisión) y el DANSOCIAL (Promoción).

47. FOGACOOP: protección del ahorro solidario

A raíz de la crisis financiera del cooperativismo colombiano al finalizar la década del noventa, surgió la necesidad de crear un organismo técnico especializado que protegiera el ahorro de los asociados en cooperativas que entraran en dificultades, similar al Fondo de Garantías –Fogafin, que respalda a las instituciones financieras en Colombia.

Creación del Fondo:

El Fondo de Garantías de entidades cooperativas, FOGACOOP, fue creado como una persona jurídica de naturaleza única, sujeta a un régimen especial, organizada como entidad financiera vinculada al Ministerio de Hacienda y Crédito Público y asimilada a las empresas industriales y comerciales del Estado.

Objeto del Fondo:

El objeto del Fondo es proteger la confianza de los depositantes y ahorradores de las entidades cooperativas inscritas, preservando el equilibrio y la equidad económica e impidiendo injustificados beneficios económicos o de cualquier otra naturaleza a los asociados y administradores causantes de perjuicios a las entidades cooperativas.

En desarrollo de este propósito, el Fondo de Garantías de entidades cooperativas actuará como un administrador de las reservas correspondientes al seguro de depósitos, así como de los demás fondos y reservas que se constituyan, con el fin de atender los distintos riesgos asociados a la actividad financiera cooperativa cuya administración se le asigne y no corresponda por ley a otra entidad.

Otras facultades a cargo del Fondo:

- Tomar posesión de las cooperativas financieras, cooperativas de ahorro y crédito o cooperativas multiactivas o integrales con sección de ahorro y crédito, cuando entren en dificultades económicas.

- Realizar operaciones de apoyo con los ahorradores o con las entidades de la economía solidaria que se encuentren intervenidas para administrar o liquidar. Esto incluye la adquisición de acreencias que los ahorradores y depositantes tengan contra las entidades cooperativas intervenidas.

- Realizar aportes de capital en sociedades anónimas de naturaleza pública, cuyo objeto principal sea la adquisición, la administración y la enajenación de activos productivos de establecimientos expresamente definidos.

El Fondo de Garantías de entidades cooperativas, ofrece algunos servicios de extensión y capacitación para beneficio de todo el sector de la economía solidaria.

48. Integración: la fuerza de las organizaciones solidarias

Son muchos y muy variados los organismos de integración:

- A nivel mundial la Alianza Cooperativa Internacional – ACI , es un organismo no gubernamental que convoca y representa al movimiento cooperativo representando a más de 900 millones de personas.

- A nivel continental, hay los organismos a nivel federaciones y confederaciones regionales. Es el caso de OCA, Organización de Cooperativas de América, o de COLAC, la Confederación Latinoamericana de Cooperativas de Ahorro y Crédito, radicada en Panamá.

- En el ámbito nacional, CONFECOOP, la Confederación de cooperativas de Colombia, como organismo de tercer grado integra las asociaciones o federaciones, denominadas de segundo grado, cuya base social son las cooperativas de base o de primer grado.

- En Colombia, ASCOOP, la Asociación Colombiana de Cooperativas, es la más antigua de las 20 asociaciones regionales.

En el último acuerdo de integración nacional en Colombia, participaron 16 Asociaciones regionales y 8 organismos de carácter económico.

En el caso de los Fondos de Empleados, ANALFE, como Asociación Nacional de Fondos de Empleados, es el organismo de mayor cobertura en este campo.

Los organismos de integración gremial cooperativa, incluidos los de carácter económico y los organismos de apoyo al sistema de la economía solidaria, son una poderosa fuerza de cohesión y representación nacional e internacional, ante los gobiernos y el sector privado.

Parte V
Empresariado asociativo y solidario

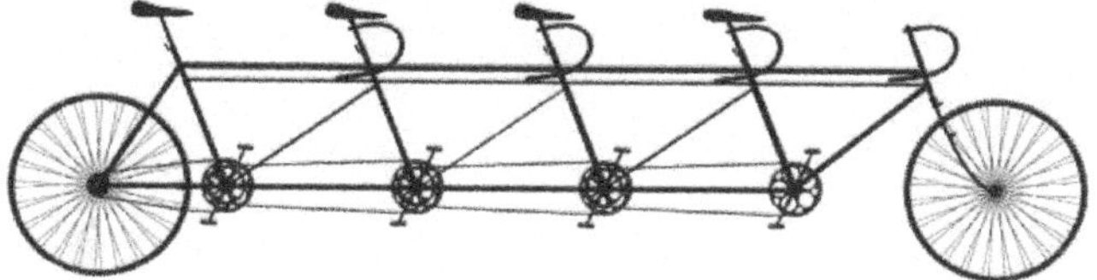

49. Acto cooperativo: la identidad de un hecho económico y social

Según el derecho cooperativo, el acto cooperativo se configura como un hecho único, de características específicas, similar a la figura jurídica del acto comercial como acción básica en las relaciones mercantiles entre personas naturales o jurídicas.

- Se consideran actos cooperativos los realizados entre sí por las cooperativas y por extensión entre las formas asociativas o entre éstas y sus propios asociados, en desarrollo de su objeto social.

- El acto cooperativo es un supuesto jurídico, cuya característica es la ausencia de lucro propia de las formas asociativas y que realiza la entidad jurídica solidaria en cumplimiento de su objeto social.

- El sujeto principal del acto cooperativo es la entidad jurídica y no el individuo como tal. El individuo hace parte del acto cooperativo, mientras permanezca como asociado a la organización.

Sobre el concepto del acto cooperativo se basa el derecho cooperativo o solidario, para interpretar la legislación sobre la finalidad social de la organización solidaria, ausente de lucro y de intermediación, dedicada por entero a prestar servicios a sus asociados.

La noción del acto cooperativo está integrada por los siguientes elementos:

- Necesidades individuales comunes.

- Actuación conjunta de los miembros.

- Animo solidario.

- Ausencia de lucro en la prestación de los servicios

- Bienestar de todos los asociados.

La propiedad solidaria, a diferencia de la propiedad privada y de la propiedad pública, genera esta peculiar forma del acto jurídico cooperativo, que sustenta a su vez, la identidad de las relaciones asociativas.

50. Acuerdo cooperativo: un compromiso solidario para cumplir de verdad

Según la Ley 79 de 1988, marco legal del cooperativismo en Colombia,

- El acuerdo cooperativo es el contrato celebrado entre un número determinado de personas para crear y organizar una cooperativa, cuyas actividades deben cumplirse con fines de interés social y sin ánimo de lucro.

- El acuerdo cooperativo significa un compromiso serio del asociado con la organización asociativa a la que se pertenece.

- El acto cooperativo característico de la empresa asociativa, sustenta este acuerdo o contrato y de él se deriva su propia fuerza legal.

En el acuerdo cooperativo está implícita la estructura administrativa de la empresa asociativa, el estatuto que rige la organización, la aceptación de las reglas y procedimientos, los compromisos asumidos y el aprovechamiento de los servicios que ofrece la entidad a sus propios asociados.

Aceptar positivamente el acuerdo cooperativo y conocerlo en todos sus efectos, es un deber de cada asociado al ingresar a la organización solidaria.

51. Estructura organizativa: una inconfundible manera de hacer las cosas.

La estructura organizativa de las cooperativas contempla:

- **Asamblea de asociados**: órgano máximo de dirección y administración, constituida por el conjunto de todos los miembros debidamente convocados y reunidos. La asamblea de asociados puede sustituirse por asamblea de delegados, según lo disponga el estatuto.

- **Consejo de Administración**: órgano permanente de administración, elegido por la Asamblea general y subordinado a sus directrices y políticas.

- **Junta de Vigilancia:** elegida por la asamblea, es el organismo de control social. No es un organismo administrativo, ni sustituye las funciones de la revisoría fiscal.

- **Revisoría Fiscal:** organismo de control técnico, externo a la cooperativa, elegido por la asamblea.

- **Gerente:** representante legal de la cooperativa, nombrado por el Consejo de administración, para ejecutar las decisiones de la asamblea y del Consejo. Es el responsable de su equipo administrativo.

En resumen, la administración de la cooperativa estará a cargo de la Asamblea general, el Consejo de administración y el Gerente. El control estará a cargo de la Junta de Vigilancia y del Revisor Fiscal, sin perjuicio de la inspección y vigilancia por parte del Estado.

Al **Comité de Educación** le corresponde orientar y coordinar el proceso de educación cooperativa, de carácter obligatorio, con su respectivo presupuesto contemplado en el Fondo de Educación.

Existen Comités Especiales con funciones específicas, nombrados por el Consejo de Administración.

En los **Fondos de Empleados**, el órgano permanente de administración se denomina **Junta Directiva** y la vigilancia está a cargo del **Comité de Control social**.

52. Asamblea general: la voz de todos es el camino de la institución

Siendo la Asamblea general de asociados o de delegados, el máximo organismo de dirección y administración de la empresa de economía solidaria, le corresponden unas funciones propias de su máximo nivel:

- Establece las políticas y directrices generales de la empresa asociativa, en relación con el objeto social de la institución.

- Define el contenido del estatuto ajustado a las normas legales y lo reforma cuando sea necesario o conveniente.

- Recibe los informes de gestión que le presentan el Consejo de Administración o Junta Directiva y la Gerencia, así como los que le presenten la Revisoría Fiscal y la Junta de Vigilancia o Comité de control social.

- Aprueba o desaprueba los estados financieros que anualmente reflejan los resultados de la gestión administrativa en la empresa asociativa.

- Aprueba la destinación de los excedentes netos que resultan de cada ejercicio económico anual, conforme lo previsto en la ley y en el estatuto de la entidad.

- Elige los miembros principales y suplentes del Consejo de Administración o Junta Directiva, de la Junta de Vigilancia o Comité de control social y de la Revisoría Fiscal. En este último caso, incluyendo su remuneración.

La Asamblea general debe ocuparse de los temas estratégicos, de los asuntos que sean vitales para el conjunto de la institución y de los planes generales que aseguren en el futuro, la sostenibilidad de la empresa asociativa.

53. Consejo de Administración: ante todo, el bien común

El Consejo de Administración o la Junta Directiva, en su función principal de administrar la empresa asociativa, encontrará en las teorías sobre administración empresarial, los mejores recursos conceptuales para orientar los destinos de la entidad que dirige en representación de todos los asociados:

- A este organismo de administración le corresponden las grandes funciones de planeación, dirección, organización, coordinación, evaluación, control e integración de la empresa asociativa que dirige. Su norte en las decisiones es el cabal cumplimiento del objeto social que dio origen a la institución.

- Define los objetivos y estrategias del desarrollo institucional, y aprueba el plan operativo anual con su respectivo presupuesto. Aprueba también el portafolio de servicios, con su correspondiente reglamentación.

- Nombra al gerente, define la estructura administrativa y la planta de personal con su escala salarial. Nombra también a los integrantes de los diferentes Comités, dando prioridad al Comité de Educación.

-

- Recibe informes de la Gerencia, el Revisor Fiscal, la Junta de Vigilancia y los Comités sobre la gestión administrativa, social y financiera de la entidad. Los estados financieros intermedios pueden ser aprobados en primera instancia, lo mismo que el anual antes de Asamblea.

- Decide sobre el ingreso y retiro de los asociados y sobre su exclusión o sanciones cuando haya lugar. Faculta al gerente para celebrar contratos con terceros o efectuar convenios y afiliaciones de carácter institucional.

- Presenta informes a la Asamblea General sobre los resultados de la gestión administrativa y aprueba los créditos para los miembros de los organismos directivos y de control, conforme lo establecen las normas sobre la materia.

En general, el Consejo de Administración o la Junta Directiva según el caso, deben asegurar el buen decurso de la gestión administrativa, sin que ello signifique interferir las funciones propias de la Gerencia o de los organismos de control. Si se definen claramente los criterios y políticas, la gerencia y su equipo administrativo ejecutarán lo definido.

54. Vigilancia y control social: la defensoría del asociado

Una de las características de la autogestión en su autonomía, es el autocontrol a cargo de sus propios miembros. Esta es la razón de ser de la Junta de Vigilancia en las cooperativas o del Comité de control social en los Fondos de empleados.

Este organismo de control:

- Debe velar porque los actos de los administradores se ajusten a la normatividad legal, al estatuto y a los reglamentos de la entidad. Nunca está de más la exigencia en este sentido.

- Informa a la Asamblea, a la Revisoría Fiscal, a la Gerencia y a los organismos gubernamentales competentes, sobre las irregularidades no corregidas oportunamente o sobre hechos de inhabilidad en los procesos de elecciones.

- En sus análisis o estudios, se deben incluir recomendaciones, observaciones o propuestas de mejoramiento. Anualmente se presentará informe a la Asamblea.

- Presta permanente atención a las quejas, reclamos, sugerencias o peticiones de los asociados, particularmente en relación con los servicios. Esta información se debe canalizar hacia la Gerencia para exigir el mejoramiento continuo en la calidad de los servicios.

Si se presentan hechos anómalos entre los asociados que justifiquen sanciones, exclusión o llamados de atención, se debe hacer la investigación y valoración de los hechos con su respectiva documentación y mediante un debido proceso, presentarla al Consejo o Junta, para su decisión.

En resumen, a la Junta de Vigilancia o al Comité de control social, le corresponde velar por el cumplimiento legal del objeto social de la entidad en la prestación de sus servicios. Esta misión nunca debe interferir con las competencias y responsabilidades de los órganos de administración, de la Revisoría Fiscal y de los entes de Auditoría o de Control interno cuando existan.

55. Revisoría Fiscal: integridad ética frente a la organización

Las organizaciones empresariales en la economía de un país cumplen un papel muy importante. Suministran los bienes y servicios que necesitan las familias a cambio de dinero. El Estado entonces, se preocupa por la permanencia de ellas y su estabilidad económica y social.

Esta preocupación corresponde en primer lugar a los dueños de la empresa y luego al Estado, que por razones de interés general, presume responsabilidad social de las empresas y por eso las vigila en su correcto funcionamiento, particularmente en el pago de sus obligaciones tributarias.

Es aquí donde cumple una importante función la Revisoría Fiscal en la empresa asociativa.

- Su responsabilidad y compromiso es con los dueños de la empresa y con el Estado.

- Sus funciones están definidas por el Código de Comercio.

- Su vigilancia se enfoca sobre el manejo contable y financiero para que los recursos se usen correctamente en concordancia con el objeto social de la empresa.

Corresponde a la Revisoría Fiscal velar por el cumplimiento de las normas contables, financieras, tributarias y sociales que aseguren el correcto funcionamiento de la empresa asociativa, incluyendo el cuidado de los bienes y la verificación sobre el sistema de control interno.

Anualmente informa a la Asamblea sobre su gestión y dictamina los estados financieros. Cuando encuentre irregularidades relevantes, las dará a conocer a la Asamblea, a los órganos de la administración o inclusive a los organismos gubernamentales de vigilancia y control, si se hace necesario.

En general, la Revisoría Fiscal debe ejercer observancia oportuna, integral y permanente sobre los actos de los administradores, las operaciones sociales, los bienes, los libros de contabilidad con sus soportes, las actas, la correspondencia y demás documentos inherentes, así como advertir los riesgos de toda índole que puedan afectar la estabilidad de la institución asociativa.

56. Gerencia:
gestión y liderazgo en función del asociado

El gerente, con su equipo administrativo, lidera la gestión ejecutiva de la organización asociativa.

- Es el responsable de ejecutar las decisiones, políticas, recomendaciones y directrices de la Asamblea general y del Consejo de Administración o de la Junta Directiva según el caso.

- Representa legalmente a la entidad, celebra contratos, convenios, alianzas estratégicas y hace inversiones, previamente facultado para ello.

- Informa a la Asamblea, al Consejo o Junta, a la Revisoría, a la Junta de Vigilancia y a los Comités, sobre los asuntos relacionados con su gestión, en cada instancia.

- Exige total transparencia en el manejo técnico de la información contable, financiera y sistematizada, de las actas, correspondencia y archivos de la entidad, de acuerdo con las normas legales.

- Desarrolla la gestión del talento humano a su cargo, mediante el bienestar social, la capacitación y el desarrollo de competencias técnicas y humanas. Contrata a trabajadores y empleados.

- Se preocupa por mejorar cada vez más la calidad de los servicios que la empresa asociativa ofrece a sus asociados con criterios de beneficio común, competitividad, eficiencia y rentabilidad.

En resumen, el Gerente debe actuar como líder de la administración, ejecutivo de las grandes estrategias y coordinador de las acciones que generan los diferentes organismos directivos de la empresa asociativa

57. Comité de Educación: impulsando la educación solidaria

La educación cooperativa de las personas vinculadas a la economía solidaria en todas sus formas, es un principio básico, una obligación institucional y compromiso social.

Según las directrices de la ACI y por exigencia legal, las cooperativas y las formas asociativas vinculadas a la economía solidaria, están obligadas:

- A realizar de modo permanente, actividades que tiendan a la formación de sus asociados y trabajadores en los principios, métodos, procedimientos y características del cooperativismo y de la economía solidaria.

- A capacitar a los administradores y empleados en la gestión empresarial propia de cada forma asociativa.

El **Comité de Educación:**

- Tiene como propósito básico orientar, Impulsar y coordinar la educación para mejorar el ejercicio de la cooperación asociativa.

- Le corresponde impulsar por todos los medios la educación solidaria de los miembros que integran la organización cooperativa. No es un organismo de administración; es un organismo asesor y consultivo.

- Debe liderar la ejecución del Proyecto educativo social y empresarial, Pesem, que debe tener toda empresa de economía solidaria en relación con los grandes objetivos y estrategias de la institución. Su trabajo debe coordinarse con el Consejo de Administración o Junta Directiva.

- Anualmente elabora un presupuesto y su respectivo plan operativo, con cargo al Fondo de Educación, el cual debe ser aprobado por el Consejo o Junta Directiva.

Las actividades de educación solidaria, deben incluir un alto componente social, pedagógico y didáctico no solo académico o conceptual; comprenden la asistencia técnica, la investigación y la promoción permanente de la doctrina cooperativa.

Los integrantes del Comité de Educación deben ser asociados con amplia visión social, pedagógica y humana para transformar conductas, actitudes y costumbres individuales en el mejor ambiente de cooperación asociativa. Ellos deben actuar como gestores de una nueva cultura solidaria.

58. Fondos sociales:
el poder previsivo de la mutualidad

En el ahorro solidario de quienes se han unido para ayudarse, es donde mejor se puede observar la fuerza incontenible de la mutualidad.

- Por fuerza de la mutualidad, los asociados contribuyen a un fondo común para atender beneficios futuros o cubrir contingencias propias del ser humano, con criterios de equidad y solidaridad.

- A través de la mutualidad se crean fondos sociales agotables o crecientes, que están contemplados por la Ley y fondos mutuales que por lo general se aplican a servicios comunes de asistencia, previsión o seguridad social.

- Estos fondos deben ser de destinación específica, deben ser aprobados por la Asamblea de asociados y reglamentados por el organismo directivo competente.

El fondo de educación, el fondo de solidaridad y los fondos mutuales de previsión, asistencia y seguridad social, son fondos sociales pasivos creados por la ley, no se pueden agotar arbitrariamente, ni cambiarles su destinación. Los demás fondos, creados por voluntad de la Asamblea general de asociados, con fines específicos podrán incrementarse con cargo al presupuesto de la entidad y cambiar su destinación, previa aprobación de la Asamblea general.

La característica principal de los fondos sociales y mutuales es que se crean únicamente con los excedentes del ejercicio anterior, pero se pueden proveer o alimentar con cargo al gasto del ejercicio de la entidad y de los resultados de actividades para tal fin.

Así se pueden incrementar estos fondos:

- Con parte de los excedentes, previa aprobación de la Asamblea general.

- Con aportes o contribución directa de los asociados, según reglamento.

- Con cargo al presupuesto de gastos de la entidad, según el estatuto o el órgano competente dentro de la entidad asociativa, previa aprobación de la asamblea.

- Con la realización de programas o actividades especiales que generen recursos para abastecer al fondo.

- Con donaciones específicas recibidas con destino al fondo.

La principal característica de los fondos mutuales, a diferencia de los fondos sociales, es que se crean y se provisionan con la contribución directa de los asociados para fines de previsión o de seguridad social, aunque esto no excluye la destinación de una parte de los excedentes y de actividades y programas que coadyuven a este fin. Estos fondos deben ser técnicamente calculados en sus proyecciones futuras.

59. Fondo de educación: una caja de Pandora que ofrece futuro y libertad

Por disposición legal, las empresas asociativas de carácter cooperativo y por tanto las organizaciones de economía solidaria, deben contar con un Fondo de Educación y un comité u órgano administrativo encargado de desarrollar labores permanentes de educación cooperativa y solidaria.

Las actividades de educación con cargo al Fondo de Educación, se deben orientar a los siguientes sujetos y finalidades:

- A los asociados y trabajadores en torno a los principios, métodos y características del sector solidario.

- A los administradores y directivos en las técnicas y competencias que requiere el desempeño del objeto social para el cual trabajan.

- A los potenciales asociados y público en general, para efectos de promoción.

Parte de los recursos del Fondo de Educación se destinarán a educación formal, según las normas legales definidas por el Gobierno.

El Fondo de Educación:

- Debe ser reglamentado por el Consejo de Administración, teniendo en cuenta sus fuentes de recursos, los pagos que pueden ser sufragados, el presupuesto anual y el cumplimiento de las normas legales sobre la materia.

- A él se destinan parte de los excedentes.

- Otros recursos se pueden asignar al Fondo de educación, según las normas vigentes.

Algunas actividades se pueden realizar con cargo al presupuesto de gastos anuales de la entidad. Las actividades son de orden educativo, social, cultural, recreativo y ecológico, en lo posible deben hacerse extensivas al grupo familiar del asociado. Lo anterior no implica necesariamente que todas las actividades sean enteramente gratuitas.

El Fondo de Educación es una valiosa herramienta para apoyar en cada empresa asociativa el desarrollo de los valores, principios, objetivos y prácticas de la economía solidaria. De ahí la importancia de su buen manejo y aprovechamiento.

60. Fondo de solidaridad: más vale una ayuda a tiempo

Las cooperativas y demás formas asociativas suelen contar con un Fondo de solidaridad que por lo general se alimenta con recursos de los excedentes operacionales, por disposición legal.

El Consejo de Administración o la Junta Directiva, según el caso, deben reglamentar el funcionamiento de este Fondo que tiene dos finalidades básicas:

- Ayudar económicamente a los asociados y su grupo familiar en situaciones de calamidad doméstica o en servicios asistenciales colectivos.

- Beneficiar a la comunidad cuando se presenten circunstancias realmente desastrosas.

Por disposición legal, parte de los recursos se deben destinar como contribución a programas específicos de educación formal.

En algunas entidades se conforma un **Comité de Solidaridad** que se encarga del buen uso de los recursos del Fondo de Solidaridad, evitando actitudes paternalistas contrarias al espíritu solidario de mutua ayuda y esfuerzo propio.

La asignación de recursos al Fondo de solidaridad, así como su utilización incluyendo auxilios, contribuciones o créditos de bajo costo, estará siempre condicionada a lo previsto en la Ley, el estatuto, los reglamentos, los presupuestos y las políticas previamente adoptadas por cada organización asociativa.

61. Balance social: la cara social de la fría economía

Teniendo en cuenta que las organizaciones de la economía solidaria se caracterizan por su doble identidad al ser en su dimensión social como "asociaciones de personas" y en su dimensión económica como "empresas productivas", es fácil concluir que en ellas debe darse un adecuado equilibrio entre lo social y lo económico.

- Este equilibrio significa balanzar o balancear pesos que se igualan entre sí, que se contraponen o contrapesan recíprocamente.

- De modo similar, en una organización cooperativa, lo social y lo económico se balancean, es decir, se deben igualar en peso y proporción.

- De aquí ha surgido el concepto de balance social cooperativo. Quizás sea más adecuado el concepto de "gestión social" o "acción social".

Así como en las empresas existe el concepto de balance económico, se espera que también exista el concepto de balance social. En el primero hay ganancias o pérdidas en dinero. En el segundo hay logros sociales o carencias en la calidad de vida de los asociados. Por eso algunos hablan de "rentabilidad social".

El balance social solidario, podríamos definirlo como el resultado conjunto de la empresa asociativa en diferentes órdenes:

- En sus aspectos sociales ideales, considerando el ámbito de los asociados como propietarios, administradores y usuarios.

- En el ámbito interno de trabajo o clima organizacional.

- En el entorno de la comunidad que rodea a la organización solidaria.

El balance social está estrechamente relacionado con la aplicación práctica de los principios y valores y la acción social de la empresa de economía solidaria. Esta acción social se concibe como el conjunto de esfuerzos realizados con sentido humano, para facilitar el bienestar de los asociados, trabajadores y comunidad, en un radio de acción específico.

El reto en el sector de la economía solidaria, es aprender a planificar la acción social solidaria, establecer indicadores de gestión social y así poder medir el balance social solidario.

62. Aportes sociales: capitalización de empresarios solidarios

Cuando las personas se unen para crear su propia empresa de economía solidaria, definen en su estatuto el monto del capital necesario para iniciar su organización económica y social. Este capital se define en términos de aportes sociales, hace parte del patrimonio social de la empresa y su pago obligatorio queda asignado en cabeza de cada asociado para poder cumplir el objeto social de la entidad.

Así pues, los aportes son valores económicos contribuidos periódicamente por cada uno de los asociados, bien sean personas naturales o personas jurídicas, en cumplimiento de lo contemplado en el estatuto y normas legales. Los aportes sociales individuales pueden ser ordinarios, extraordinarios o amortizados.

En cuanto a las clases de aportes:

- Los aportes sociales individuales son de carácter obligatorio y deben ser pagados por cada asociado de acuerdo con los montos que establezcan los estatutos o la Asamblea.

- Los aportes sociales extraordinarios pueden ser pagados voluntariamente por el asociado o por mandato de la Asamblea para todos los asociados.

- Los aportes sociales amortizados son aquellos que la entidad readquiere de sus asociados, comprándolos con base en sus propias certificaciones y con cargo al fondo de amortización de aportes.

La aportación quiere decir que los asociados realizan como pago la parte correspondiente a su participación. Los aportes quedan afectados desde su origen a favor de la entidad como garantía de las obligaciones que los asociados tengan con ella y no de ésta con terceros. Los aportes son parte del patrimonio o capital social y éste representa el conjunto de bienes, derechos y obligaciones pertenecientes a una empresa natural o jurídica. Representa el pasivo interno de la entidad.

Toda entidad del sector solidario debe establecer en sus estatutos un monto mínimo de aportes sociales no reducibles durante su existencia para proteger el patrimonio por causa de disminuciones inconvenientes para la entidad.

Los aportes sociales se pueden revalorizar anualmente para compensar la pérdida de su poder adquisitivo, con cargo al fondo de revalorización de aportes. También se puede proceder a su devolución total cuando el asociado se retire o sea excluido de la institución, previo pago o cruce de sus obligaciones. Los aportes sociales son inembargables y no pueden ser gravados a favor de terceros, según lo disponen las normas legales.

Cuando un asociado requiere desvincularse de la entidad, ésta deberá aceptar dicha solicitud en virtud del principio de libre adhesión y del derecho fundamental de libre asociación y definir por separado el pago de las obligaciones pendientes cuando las hubiere.

63. Control social: asegurar un resultado social y solidario

El autocontrol en las empresas de la economía solidaria es un concepto estrechamente unido a las prácticas de autogestión, autonomía y gobierno democrático. De ahí la importancia de precisar el alcance y objetivos del control social con sus características de interno y técnico, a diferencia del control externo que ejercen la Revisoría Fiscal, las Auditorías externas o las Unidades de Control Interno a cargo de la administración.

El control social:

- Tiene como base de su acción el componente asociativo, es decir, el componente humano y social de las empresas asociativas.

- Su alcance y objetivo se enfoca sobre el control de los resultados sociales incluyendo la forma como se lograron éstos teniendo en cuenta los derechos y deberes de los asociados.

- Corresponde a la Junta de Vigilancia o al Comité de control social elegidos por la Asamblea de asociados, ejercer la vigilancia social conforme lo defina el objeto social de la entidad.

- Su propósito es verificar si se están satisfaciendo o no las necesidades económicas, sociales y culturales de los asociados, razón de ser de la existencia jurídica de la entidad.

Se trata, en primer lugar, de vigilar el cumplimiento de los resultados sociales en atención al objeto social de la entidad constituida. En segundo lugar, de ejercer control sobre los procedimientos o normas que se adopten para lograr esos resultados, es decir, la aplicación adecuada de la Ley, los estatutos y los reglamentos por parte de quienes dirigen la institución, así como la aplicación de los valores, principios, fines y características que distinguen a la economía solidaria.

El control social interno se refiere al control ejercido por los propios asociados sobre su componente asociativo en razón de sus deberes y derechos. Y el control social técnico, estando también en manos de los propios asociados, se refiere a la aplicación de la normatividad cooperativa que rige a cada entidad en el cumplimiento de su objeto social.

El control social, en representación de los asociados, lo ejerce en las cooperativas la Junta de Vigilancia; en los Fondos de Empleados, el Comité de control social; en las Asociaciones mutuales, la Junta de control social y en las Precooperativas, el Comité de Vigilancia. Vigilar es "ver más allá" que todos los demás; no es revisar, ni auditar.

64. Sin ánimo de lucro: retorno social del beneficio económico

El gran propósito de las empresas asociativas es el servicio de carácter social económico para sus propios asociados, los cuales son simultáneamente dueños, usuarios y gestores aportantes. No así las empresas capitalistas cuyo propósito sobre el capital es obtener la mayor rentabilidad posible.

En las empresas asociativas los excedentes operacionales revierten en beneficio de los asociados y por tanto no se distribuyen como las utilidades de la empresa capitalista.

Según la legislación actual, se presume que una empresa asociativa no tiene ánimo de lucro, cuando cumpla los siguientes requisitos:

- Que establezca la irrepartibilidad de las reservas sociales y en caso de liquidación, la del remanente patrimonial.

- Que destine sus excedentes a la prestación de servicios de carácter social, al crecimiento de sus reservas y fondos y a reintegrar a sus asociados parte de los mismos en proporción al uso de los servicios o a la participación en el trabajo de la empresa, sin perjuicio de amortizar los aportes y conservarlos en su valor real.

El que una empresa asociativa sea sin ánimo de lucro no significa que se deban permitir pérdidas en los servicios operacionales. La ausencia del ánimo de lucro no debe contravenir la rentabilidad social de los negocios ni mucho menos la generación de excedentes suficientes para mejorar los servicios y beneficiar socialmente a los asociados. Los excedentes bajos no significan mala gestión administrativa, ni altos lo contrario.

65. Excedentes:
resultado equitativo que estimula la participación

Las entidades de la economía solidaria, son empresas asociativas sin ánimo de lucro, y se caracterizan por la manera de distribuir los excedentes y el destino de las reservas y fondos patrimoniales, así:

- Los excedentes se destinan a prestar los servicios de carácter económico y social y al crecimiento de sus reservas y fondos.

- Parte de sus excedentes se reintegran a sus asociados en proporción al uso de los servicios o a la participación en el trabajo de la empresa asociativa.

- No reparte entre los asociados, las reservas sociales ni los fondos patrimoniales.

- No reparte el remanente o sobrante patrimonial en caso de liquidación.

El excedente es la diferencia positiva entre el total de los ingresos menos los costos y gastos causados en la obtención de esos mismos ingresos. Su distribución se hace con base en normas legales.

- En el caso de las cooperativas, los excedentes se deben destinar en primer lugar a compensar pérdidas de ejercicios anteriores si las hay o a restablecer las reservas de protección de aportes sociales hasta el nivel definido por las normas legales.

- Cumplido lo anterior, si hubiese sido necesario, la distribución se hace conforme lo defina el estatuto.

En relación con la distribución de excedentes, se da la figura contable del excedente o beneficio neto, que es la diferencia entre la producción y el consumo de un bien o servicio. En las entidades de la economía solidaria, el excedente o beneficio neto es la diferencia entre los ingresos operacionales más los no operacionales menos los costos y gastos operacionales y no operacionales, de un ejercicio anual, de acuerdo con el desarrollo del objeto social teniendo en cuenta el acuerdo cooperativo o solidario.

Esta diferencia tiene implicaciones de carácter legal para efectos tributarios. En Colombia este beneficio neto está sujeto a impuesto cuando las entidades lo destinen en todo o en parte en forma diferente a como lo establece la legislación cooperativa.

66. El estatuto: la carta de navegación que todos deben conocer

El estatuto de una empresa de economía solidaria, es la carta de navegación de la entidad asociativa, elaborada de acuerdo con el marco legal que regula al sector solidario, aprobada por la Asamblea general de asociados.

El estatuto define aspectos de orden general que deben ser reglamentados por el Consejo de Administración o Junta Directiva según el caso, teniendo en cuenta la normatividad legal que rige a las entidades de la economía solidaria. En algunos casos, se incluyen innecesariamente en los estatutos, aspectos que son de orden reglamentario.

Contenido general de un estatuto:

- Disposiciones generales: naturaleza, objeto social, acuerdo cooperativo, definiciones y actividades, servicios o secciones.

- Sobre los asociados: calidad, deberes, derechos, régimen disciplinario, ingreso, retiro y exclusión de asociados.

- Sobre el régimen económico: Aportes sociales, ahorro, patrimonio, estados financieros, distribución de excedentes, fondos sociales, reservas.

- Sobre la organización administrativa: Asamblea, Consejo de Administración o Junta Directiva, Gerente, Junta de Vigilancia, Revisor Fiscal, Comité de Crédito, Comités especiales.

- Sobre los Directivos: régimen disciplinario, responsabilidades, incompatibilidades, inhabilidades.

- Disposiciones finales: Fusión, incorporación, disolución, liquidación, reformas del estatuto.

Periódicamente conviene revisar el contenido del estatuto de la organización solidaria, a la luz de la Ley 79 de 1988, la Ley 454 de 1998, los Decretos reglamentarios emitidos por el gobierno, así como las Circulares y directrices que origina la Superintendencia de la Economía Solidaria y las demás normas legales de carácter permanente que incidan en la institución.

Parte VI
Solidaridad asociativa
para hombres y mujeres

67. Organizaciones solidarias: el ser humano como eje inconfundible

Según lo define la Superintendencia de la Economía Solidaria, cada organización de la economía solidaria debe cumplir con los siguientes principios y fines de la economía solidaria consagrados en la legislación:

- Estar organizada como empresa que contemple en su objeto social el ejercicio de una actividad socioeconómica, cultural o ambiental tendiente a satisfacer necesidades de sus asociados y el desarrollo de obras de servicio comunitario.

- Tener establecido un vínculo asociativo, fundado en los principios y fines de la economía solidaria.

- Tener incluido en su estatuto la ausencia de ánimo de lucro, movida por la solidaridad y el servicio social o comunitario.

- Garantizar la igualdad de derechos y obligaciones de sus miembros sin consideración de sus aportes.

- Establecer en su estatuto un monto mínimo de aportes sociales no reducibles. Se exceptúan las asociaciones mutuales en este punto.

- Integrarse social y económicamente.

- Cumplir con las condiciones que definen a una empresa como entidad sin ánimo de lucro.

Las entidades solidarias se diferencian entre *asistencialistas y mutualistas*. Las asistencialistas buscan el beneficio de terceros, como por ejemplo, las fundaciones de beneficencia. Las mutualistas buscan el beneficio de sus propios asociados en primera instancia y sólo indirectamente, en segunda instancia, el de la comunidad en general.

68. Autogestión: el valor de tomar las propias decisiones

La autogestión es una poderosa fuerza en el desarrollo de una empresa asociativa.

Es muy importante que los dueños comprendan las claves de su propia fortaleza:

- La autoayuda de la organización en su conjunto.

- El sentido del esfuerzo propio.

- La ayuda mutua entre quienes se han unido para resolver sus propios problemas y necesidades.

- El adecuado gobierno democrático y participativo.

- La autonomía en las decisiones.

Mediante la autogestión los cooperados deciden el destino de su propia organización solidaria. Por eso hay que estar atentos a los indebidos condicionamientos de la ayuda exterior, porque pueden socavar la autonomía propia de la autogestión asociativa.

La autogestión es un largo proceso de mejoramiento continuo en los sistemas organizativos, en los procedimientos, en la toma de las decisiones, en los productos y servicios que se ofrecen a los asociados y en la dirección misma de la institución frente a los cambios del mercado.

69. Calidad de asociado: privilegio, orgullo y compromiso

El estatuto de cada entidad asociativa, define claramente quiénes pueden vincularse en calidad de asociados. Respetando el principio de la libre asociación, se deben cumplir unos requisitos mínimos para pertenecer a una organización solidaria:

- Personas naturales legalmente capaces, que tengan mayoría de edad.

- Personas jurídicas de derecho público.

- Personas jurídicas del sector de la economía solidaria.

- Personas jurídicas de derecho privado sin ánimo de lucro.

- Empresas o unidades económicas cuando los propietarios trabajen en ellas y prevalezca el trabajo familiar o asociado.

La calidad de asociado se adquiere a partir de la asamblea de constitución para los fundadores y a partir de la fecha en que sean aceptados por el órgano competente los que posteriormente ingresen.

Por lo general, en cada organización hay un perfil característico de asociado, con necesidades y deseos comunes. Con base en este perfil, el estatuto define unos requisitos de admisión que deben ser cumplidos antes de la aprobación e inclusión en el registro oficial de asociados.

Ser asociado de un Cooperativa, de un Fondo de Empleados o de una Asociación mutual, significa ser simultáneamente dueño, gestor, aportante, usuario y en algunos casos, trabajador. Esto implica derechos, pero también una reciprocidad con los deberes.

Se es asociado cuando uno cuente con la aprobación para ingresar, haya pagado sus aportes sociales y esté incluido en el registro de asociados. Un buen asociado, utiliza bien los servicios de su Cooperativa, Fondo o Asociación mutual y participa activamente en las actividades programadas.

La aprobación adecuada sobre la cual se basa la admisión del asociado a la empresa asociativa, tiene efectos legales para la prestación de los servicios.

70. Deberes del asociado: fidelidad a toda prueba

La vinculación a una empresa de economía solidaria, implica el cumplimiento de deberes que significan un compromiso permanente con la institución.

- Es necesario conocer, estudiar y profundizar la teoría, doctrina, valores y principios que caracterizan la identidad del movimiento cooperativo.

- Todo miembro de una empresa de economía solidaria, debe tener como mínimo, conocimientos básicos de cooperativismo.

- Las decisiones de los órganos de administración y vigilancia deben ser aceptadas por los asociados de manera positiva, entendiendo el espíritu de la democracia y de la autogestión.

- Un deber especial es comportarse solidariamente con los demás miembros de la empresa asociativa y con la entidad a que se pertenece.

- La fidelidad de los asociados con su misma Institución es factor clave de sostenibilidad.

Finalmente, un deber importante de cada miembro en relación con su propia organización asociativa, es abstenerse de actos u omisiones que lo involucren en situaciones que afecten la estabilidad económica o la imagen social de la entidad.

El principal deber de un cooperado, en la empresa de economía solidaria, es la práctica genuina de los valores y principios cooperativos.

71. Derechos del asociado: todos ponen, todos ganan

La vinculación al mundo de la economía solidaria, ofrece sin lugar a dudas grandes beneficios derivados de la fuerza de la mutualidad, para las personas asociadas y sus respectivos grupos familiares.

Derechos que contienen beneficios:

- El acceso fácil y oportuno a servicios de calidad, es el primer derecho que permite al asociado beneficios concretos en el mejoramiento de su calidad de vida. Es aquí donde el crédito económico, por ejemplo, adquiere su particular importancia.

- La utilización adecuada de los servicios que le ofrece su propia empresa asociativa; así habrá crecimiento y desarrollo para beneficio de todos los que se han unido para ayudarse. Si nadie utilizara los servicios, no podría desarrollarse la entidad.

- Derecho a participar en las actividades que se lleven a cabo para el conjunto de asociados.

- Derecho a estar informado sobre el acontecer general de su empresa asociativa, a recibir comunicaciones oportunas sobre temas específicos e inclusive a discutir sobre asuntos de trascendencia para la institución.

- Derecho a participar en las elecciones para los organismos de dirección y control, según el estatuto que los reglamenta y a vigilar la gestión de su propia empresa asociativa.

El derecho del asociado al retiro voluntario de su empresa asociativa, así como el beneficio de los derechos, están relacionados con el cumplimiento de sus deberes, sin menoscabar las normas legales al respecto.

El desarrollo armónico y sostenible de la organización solidaria, su consolidación financiera, la fuerza de su estructura institucional, la utilización eficiente de los servicios por parte de los asociados, es el camino para poder ampliar los derechos y beneficios de sus miembros.

72. Ser Delegado:
compromiso permanente con la participación

Cuando por diferentes motivos las empresas asociativas deciden sustituir la Asamblea general de asociados, por la de Delegados, surge la necesidad de apoyo institucional en cada delegado, como gestor de representación asociativa.

Si el número de asociados es muy grande o si están dispersos en diferentes lugares geográficos, el estatuto podrá establecer que la asamblea general de asociados sea sustituida por Asamblea general de delegados, cuyo número no puede ser inferior a 20.

- El delegado es el representante de todos los asociados en la asamblea general.

- Su representación va más allá del pequeño grupo de asociados que lo eligieron.

- Ser delegado implica compromisos que van mucho más allá de la participación en una Asamblea.

Un buen delegado debe ser líder, proactivo, colaborador. Debe estar bien informado para informar a la base de asociados, capacitarse en asuntos cooperativos y participar activamente en las reuniones a la cuales se le convoquen.

Es importante que los delegados se interesen en los procedimientos parlamentarios de participación y en la conducción de las Asambleas, de tal manera que éstas realmente sean provechosas para el bien de la institución.

Gracias a los delegados, se amplía el sentido de participación activa en los destinos de la organización asociativa y se forman líderes que posteriormente llegarán más preparados a los órganos de administración y control.

73. Ser Directivo: el poder para servir, no para el provecho personal.

Los directivos de una empresa asociativa, son los responsables de la alta dirección y del buen gobierno de la Institución.

Los directivos de la alta dirección y los miembros de los organismos de control, son elegidos por la Asamblea general, que a su vez representa al conjunto de asociados. Ellos asumen a partir de sus respectivas posesiones en el cargo, serios compromisos ante la comunidad asociada y ante las autoridades legales.

Ser Directivo:

- Es una alta responsabilidad social y legal.

- Implica autoformación y autocontrol en el ejercicio del poder.

- Significa lealtad con el movimiento solidario en la práctica de sus valores y principios.

- Requiere claro conocimiento de las técnicas administrativas, de gestión financiera, de las normas legales, de los estatutos y de los reglamentos.

En las empresas de economía solidaria, para ejercer el cargo de directivos, hay que elegir a los más capaces por su nivel de liderazgo social, su adecuada formación cooperativa, sus competencias en manejo empresarial, su honestidad inquebrantable y su excelente conducta ética.

Todo directivo debe disponer del tiempo necesario para participar activamente. De lo contrario es mejor que no sea elegido.

Según lo expresa Rosabeth Moss Kanter, los líderes de clase mundial son la gran fuerza del espíritu de asociación. "Los líderes deben convertirse en unos cosmopolitas que se encuentren cómodos operando por encima de las fronteras y que puedan forjar vínculos entre las organizaciones. Los líderes deben usar su aptitud para crear visiones, inspirar la acción y alentar a las personas de las diversas funciones, disciplinas y organizaciones a encontrar una causa común en los objetivos que mejoran toda industria, la comunidad, el país o el mundo".

74. Liderazgo administrativo: visión empresarial al servicio de los asociados

Buena parte del éxito o fracaso de las empresas asociativas se debe a los responsables de su dirección y administración. De ahí que sea tan importante, como se expresó antes, elegir entre los miembros de la organización, a los mejores representantes para ejercer cabalmente esta alta responsabilidad.

Los directivos y administradores de una empresa asociativa:

- Deben ser personas competentes e idóneas en el conocimiento de los valores, principios, características y normas que rigen al sector de la economía solidaria.

- Se deben caracterizar por su profunda calidad humana, ética y social.

- Su responsabilidad y compromiso con la organización debe ser tan generosa e incondicional, que en todas sus actuaciones busquen el bien común y la preservación económica y social de la entidad.

- En la toma de las decisiones sobre la organización asociativa, deben tener criterios claros, amplios y bien fundamentados y no dejarse influir por la subjetividad emocional.

- Debe ser muy profesional y serio su conocimiento de las normas sobre el sector de la economía solidaria, de la teoría administrativa en general, de los adecuados parámetros en la gestión financiera, de lo que implican los proyectos sociales y de los avances del mundo en aspectos tecnológicos y de globalización comercial.

- Deben contar con tiempo suficiente para ejercer sus funciones.

Tienen el carácter de administradores:

- Los representantes legales, los miembros de los Consejos de Administración o Juntas Directivas, los liquidadores o agentes especiales.

- Los miembros de los Comités de crédito o de Educación entre otros, si tienen facultades administrativas contempladas en el estatuto y toman decisiones.

- A todos ellos la Ley les exige "obrar de buena fe, con lealtad y con la diligencia de un buen nombre de negocios. Sus actuaciones se cumplirán en interés de la sociedad, teniendo en cuenta los intereses de sus asociados".

Según lo exige Superintendencia de la Economía Solidaria:

- Los administradores de las empresas asociativas supervisadas por ese organismo, deben responder personal y solidariamente por el incumplimiento de las obligaciones que les impone la ley y los estatutos.

- Dentro del giro de los negocios de las empresas vigiladas por la Superintendencia, los directores (administradores), integrantes de los organismos de control, representantes legales, revisores fiscales y en general todo empleado con acceso a información privilegiada tiene el deber legal de abstenerse de realizar cualquier operación que de lugar a conflicto de interés.

La aprobación de los créditos otorgados a los directivos de las entidades supervisadas por la Superintendencia, está expresamente definida por las normas legales.

De la grandeza espiritual y mental de los directivos de una empresa asociativa, de su visión estratégica y liderazgo constructivo, depende en buena parte el futuro de estas organizaciones.

75. Gobierno democrático: decisiones que interpreten a la mayoría

Animados por el espíritu democrático de la autogestión asociativa, los asociados de la organización solidaria, eligen a sus representantes para conducir los destinos de su propia entidad:

Cada instancia de administración o control, cumple unas funciones y asume unas responsabilidades buscando siempre el bien común de los asociados:

- La Asamblea, que define los grandes derroteros de la institución.

- El Consejo de administración o la Junta Directiva, que permanentemente orientan el decurso de la administración, sin suplantar a la Gerencia.

- La Junta de Vigilancia o el Comité de control social, que son responsables del control social, es decir, de los resultados sociales.

- El Gerente, con su responsabilidad ejecutiva y su dirección sobre el equipo de trabajo.

- El Revisor Fiscal, ejerciendo control fiscal sobre la gestión contable, tributaria, financiera y administrativa.

- Los Comités, como organismos asesores o consultivos de la alta dirección.

El grado de madurez institucional se observa en el gobierno democrático de la empresa asociativa.

Quienes dirigen la Cooperativa o el Fondo de Empleados, son delegatarios de todos los asociados. No caben en la democracia cooperativa las prácticas que impidan la participación de algunos asociados, el autoritarismo, la burocracia, ni muchos menos el abuso del poder o la ineptitud en desempeñar las funciones. Los directivos y asociados deben acogerse a las decisiones de la mayoría.

76. Roles específicos: ejercer la propia función, sin interferir las otras

En la empresa asociativa hay diferentes roles que se deben ejercer sin interferencias de las otras responsabilidades. Por este motivo se debe procurar una actitud colaboradora con las demás instancias, articulando acciones y propósitos para alcanzar el bien común:

- La fuerza de la integración, es decir, la unidad de acción y de propósito, es la que le da coherencia a la base de asociados. El rol del asociado es de participación y apoyo.

- Los directivos imprimen sentido de orientación y norte a la organización. Su rol es de dirección en las políticas y objetivos, en el qué de la acción y no el cómo o en los procedimientos de la operación.

- La gerencia con su equipo de trabajo, asume la responsabilidad ejecutiva de los planes y programas indicados por la alta dirección. Su rol es de acción ejecutiva, de generación de resultados.

Los organismos de control, aseguran un ambiente adecuado para advertir a tiempo o minimizar los riesgos inherentes a la organización. Su rol es de vigilancia, de preservación prudente, de temprana alerta.

No hay qué confundir estos roles. Cada quien en lo suyo, sin interferir o sustituir a los demás en sus funciones o responsabilidades. Se debe evitar toda coadministración porque desorienta e induce a dañinos conflictos de poder dentro de la organización.

77. Buen gobierno cooperativo: o las mejores prácticas asociativas

Parte fundamental de las buenas prácticas cooperativas, debe ser el ejercicio del buen gobierno basado en los principios y valores del cooperativismo universal.

Las Cooperativas, los Fondos de empleados y las asociaciones mutuales, como empresas asociativas se basan en valores axiológicos de autoayuda, democracia, igualdad, equidad y solidaridad. De ellos se desprenden los valores éticos de honestidad, transparencia, responsabilidad y compromiso con los demás.

En estos valores de ética solidaria se basan las organizaciones asociativas para prestar el servicio a sus asociados, quienes son la esencia y razón de ser de la empresa colectiva.

El buen gobierno cooperativo:

- Versa sobre el fundamento ético empresarial en la composición, funciones y responsabilidades de los organismos directivos y de control, de suerte que en su conjunto resulte un funcionamiento armónico y eficiente de la empresa asociativa.

- Significa tomar decisiones con fundamento en valores de autoayuda, democracia, igualdad, equidad y solidaridad.

- Preserva la razón de ser de la entidad asociativa: el servicio a sus asociados, quienes son a la vez los que la gobiernan en pie de igualdad.

- Implica que los directivos y asociados practiquen los valores éticos de honestidad, transparencia, responsabilidad y compromiso con los demás.

Actuar en este contexto en es el fundamento del buen gobierno cooperativo. Dirigir bien es tomar adecuadas decisiones con sentido del bien común.

El espíritu del buen gobierno cooperativo, puede resumirse por escrito en un código ético de buenas prácticas, va más allá del cumplimiento de las normas legales y debe constituirse en la guía de conducta de la más alta dirección corporativa.

78. Participación: corazón del desarrollo asociativo

Por las características propias de una forma asociativa, cada asociado está llamado a participar activamente en los destinos y en el desarrollo de su propia empresa solidaria.

- Mediante la contribución mensual de los aportes sociales, se da la **participación económica** colectiva.

- A través de los procesos eleccionarios, de la conformación de comités o del gobierno directivo, se da la **participación democrática**.

- A través de la utilización de los servicios y cumplimientos de deberes, se da la **participación cooperativa.** El sentido de pertenencia se construye participando.

Participar en la empresa asociativa:

- Significa compartir, comunicar, intervenir en algo que le pertenece a uno.

- Permite que el asociado se sienta parte activa dentro de su propia organización.

- Contribuye al conocimiento. Conociendo a la institución, entonces se la quiere, se la reconoce y se la defiende de posibles riesgos.

- Motiva al asociado para que se sienta realmente dueño, gestor, coprotagonista de un sueño colectivo.

En el tema de la participación y frente a la pregunta de si las cooperativas son suficientemente efectivas como negocio, para recompensar a sus asociados con beneficios económicos, cabe responder que sí pueden serlo, mientras no se aparten de sus asociados y les ofrezcan beneficios de manera oportuna y regular. Aquí está la esencia de la denominada " Ventaja Cooperativa".

79. Educación cooperativa: el amplio horizonte de la solidaridad

Educar es formar, es transformar, es conducir a algo positivo, es cultivar una nueva y mejor manera de ser. Educar para una nueva cultura asociativa, es el reto de las nuevas generaciones de cooperativistas.

La educación:

- Debe ser el eje fundamental del desarrollo económico, político y social de un país, su más alto valor intrínseco.

- A través de ella, se apropia, crea y difunde el conocimiento, el progreso científico y tecnológico y se construye y transforma una ética de convivencia y equidad que es sustento del desarrollo integral de una nación.

Las empresas asociativas, como entidades educadoras en los valores y principios básicos del cooperativismo:

- Articulan eficazmente con la educación de un país.

- Forman personas ciudadanas para la solidaridad social.

- Contribuyen a configurar mejores generaciones para la sociedad.

- Educan para la solidaridad, educan para la cooperación asociativa y por lo tanto aseguran su sostenibilidad.

La formación de competencias para la solidaridad, debe incluir procesos sostenidos:

- Una educación cooperativa de calidad, pedagógica y permanente, para los directivos, empleados y asociados de la entidad.

- Formación integral del hombre, que se debe concebir como sujeto activo y participativo, gestor y actor en la dinámica de su propia historia.

- Concebir al ser humano como hacedor de cultura y constructor de valores que lo animan a superar su propio ideal de vida. Un ser humano capaz de reinventar su propia realidad social, lógico en su pensar y ético en su actuar.

Las cooperativas están obligadas a realizar de modo permanente actividades formativas para sus asociados y trabajadores en los principios, métodos y características del cooperativismo. La educación para la solidaridad, tendrá sentido si eleva el grado de capacidad y sensibilidad humana para mejorar su calidad de vida con responsabilidad social. Antes que instrucción hay que formar conciencia cooperativa.

80. Reforma de estatutos: la realidad cambia

El conocimiento y análisis crítico del estatuto en una empresa asociativa, debería ser una práctica común entre los asociados y directivos. Las modificaciones que se hagan necesarias, no deben ser el fruto de intereses particulares o de improvisaciones sin conocimiento de causa.

Las reformas al estatuto:

- Deben estudiarse con suficiente anticipación, preferiblemente con el apoyo de un experto sobre la materia.

- Después de su consideración en el Consejo de Administración o en la Junta Directiva se proponen a la Asamblea General incluyéndolas en la convocatoria.

- Deben ser conocidas previamente por los Delegados o asociados, según el caso, con sus respectivas justificaciones o exposición de motivos, puesto que serán objeto de votación general.

El estatuto de una entidad jurídica:

- Refleja el espíritu de sus miembros propietarios, la cultura económica y social de la organización, las condiciones de su gobernabilidad, la estructura administrativa adecuada para asegurar la realización del objeto social y el ajuste correspondiente a la normatividad legal.

- Debe ajustarse periódicamente, porque la realidad cambia y ella incluye las legislaciones y las dinámicas empresariales.

Los asociados pueden proponer reformas, a través del Consejo de Administración o Junta Directiva, para lo cual se debe seguir el procedimiento contemplado en el estatuto. Por lo general, para aprobarlas, se requiere el voto favorable de las dos terceras partes de la asamblea.

Parte VII
El poder de la solidaridad

81. Servicios y beneficios: las expectativas del asociado

Los servicios definen el principal quehacer de la empresa asociativa:

- En función de los servicios, las organizaciones de carácter asociativo tienen como propósito el esfuerzo común, la ayuda mutua y son sustancialmente participativas.

- Por los servicios que reciben, los miembros de cualquier forma asociativa se unen para ayudarse y ser más fuertes que cualquier individuo aislado en un contexto de mercado o en las cadenas productivas de un sistema económico.

Por esta razón las empresas asociativas deben ser muy fuertes en la calidad de los servicios para sus propios asociados y complementar su objeto principal, con beneficios que mantengan viva la fidelidad de sus miembros cooperados, por cuanto ellos son la esencia, el eje y la razón de ser de la organización solidaria.

- La implementación de sistemas de calidad certificados, son un buen camino para lograr un mejoramiento continuo en la calidad de los servicios.

- El asociado, que es cada vez más inteligente como consumidor o usuario, compara permanentemente en el mercado qué le ofrece como promesa de valor su propia empresa asociativa, y qué le ofrecen las demás alternativas. Escogerá siempre lo que más le favorezca.

Servicios ágiles, de gran calidad, de costo adecuado, ofrecidos con atención humana y personalizada, es lo que ha de diferenciar a una cooperativa en el mercado.

La innovación, la tecnología, los apoyos de postventa, la financiación y los sistemas modernos de comunicación, contribuyen en gran medida al éxito de los servicios ofrecidos por la empresa asociativa y a la fidelidad del asociado frente a ella.

82. Servicios de ahorro y crédito: atención personalizada de fácil acceso

Como organizaciones de carácter financiero vigiladas por la Superintendencia de la Economía Solidaria, a las cooperativas de ahorro y crédito y las secciones de ahorro y crédito de las cooperativas multiactivas o integrales, les están permitidas legalmente las siguientes operaciones:

- Captar ahorro a través de depósitos a la vista o a término mediante expedición de Certificados de Depósito de Ahorro a Término (CDAT).

- Captar recursos a través de ahorro contractual.

- Otorgar préstamos.

- Negociar títulos emitidos por terceros, distintos de sus gerentes, directores y empleados.

- Celebrar contratos de apertura de crédito.

- Comprar y vender títulos representativos de obligaciones emitidas por entidades de derecho público o de cualquier orden..

- Efectuar operaciones de compra de cartera o factoring sobre toda clase de títulos.

- Emitir bonos

- Prestar servicios de asistencia técnica, educación, capacitación y solidaridad que puedan desarrollar estatutariamente. Para esto no se pueden utilizar los recursos de los depósitos de ahorro.

- Celebrar convenios con otros establecimientos de crédito, para complementar sus servicios, particularmente los de cuenta corriente.

Las cooperativas de ahorro y crédito y las multiactivas o integrales con sección de ahorro y crédito, sólo pueden captar ahorro de sus asociados y otorgarles préstamos. Está por desarrollar el campo de las microfinanzas en las cooperativas de ahorro y crédito. Las cooperativas financieras que captan ahorro de asociados y de no asociados hacen estas y otras operaciones.

83. Cooperativas financieras: la importancia de tener identidad en el mercado

Como establecimientos de crédito que son y por tanto vigiladas por la Superintendencia Financiera, las cooperativas financieras, son organizaciones especializadas en la actividad financiera cooperativa y les están permitidas legalmente las siguientes operaciones:

- Captar ahorro a través de depósitos a la vista o a término mediante expedición de Certificados de Depósito de Ahorro a Término (CDAT) y Certificados de Depósito a Término (CDT).

- Captar recursos a través de ahorro contractual.

- Negociar títulos emitidos por terceros, distintos de sus gerentes, directores y empleados.

- Otorgar préstamos y, en general, celebrar operaciones activas de crédito.

- Celebrar contratos de apertura de crédito.

- Comprar y vender títulos representativos de obligaciones emitidas por entidades de derecho público o de cualquier orden.

- Otorgar financiación mediante la aceptación de letras de cambio.

- Otorgar avales y garantías en términos que para el efecto autoricen la Junta Directiva del Banco de la República o el Gobierno Nacional, cada uno según sus facultades.

- Efectuar operaciones de compra de cartera o factoring sobre toda clase de títulos.

- Abrir cartas de crédito sobre el interior en moneda legal.

- Intermediar recursos de redescuento.

- Realizar operaciones de compra y venta de divisas y demás operaciones de cambio autorizadas legalmente.

- Emitir bonos

- Prestar servicios de asistencia técnica, educación, capacitación y solidaridad que puedan desarrollar estatutariamente. Para esto no se pueden utilizar los recursos de los depósitos de ahorro.

- Celebrar convenios con otros establecimientos de crédito, para complementar sus servicios, particularmente los de cuenta corriente.

Las cooperativas financieras deben suministrar información bien clara sobre la diferencia entre los aportes sociales y el ahorro disponible a la vista o a término, para evitar confusiones ente personas asociadas a la cooperativa y no asociadas. Recientemente se está abriendo espacio legal para ofrecer servicios relacionados con el ámbito microfinanciero.

84. El capital social: inversión solidaria para beneficio de todos

El capital en una empresa es el conjunto de aportes efectuados al ente económico que se ha constituido, representado en dinero, en industria, con estimación de su valor o en especie valorada en dinero.

- El propósito de estos aportes, que son capital de riesgo, es proveer recursos para la actividad empresarial que, además, sirva de garantía para los acreedores.

- El capital se registra en las cuentas del patrimonio, por el monto proyectado, comprometido o pagado, según el caso.

- En las empresas asociativas el capital social está constituido por el monto total de los aportes de los asociados, pagados o no pagados, pero en todo caso ya comprometidos en firme.

- En las Cooperativas y Fondos de Empleados, como en toda empresa, se requiere un capital propio para llevar a cabo el objeto social consagrado en su fundación, es decir, la prestación de los servicios a los asociados.

Este capital social, que pasa a ser propiedad solidaria de los asociados, se inicia con los aportes sociales que destina cada asociado a su propia empresa asociativa en los términos y condiciones definidas por el estatuto.

El capital social hace parte sustancial del patrimonio económico de la empresa asociativa, el cual está constituido por los aportes sociales individuales y los amortizados, los fondos y reservas de carácter permanente y las donaciones o auxilios que se reciban con destino al incremento patrimonial. Como parte del patrimonio, la asamblea debe aprobar la creación del capital institucional en cabeza de la entidad jurídica, que sea sostenible, creciente.

85. El ahorro solidario: fuente de la cooperación asociativa

Sin ahorro solidario no será posible la cooperación asociativa. El cooperativismo es gente unida ahorrando para construir un mejor mañana. Gracias al ahorro y a la buena administración de cada organización solidaria, es posible ofrecer diferentes servicios a los asociados.

Las cooperativas que realizan actividad financiera con sus asociados o con terceros, las de aportes y crédito, los fondos de empleados y las asociaciones mutuales, constituyen un conjunto de instituciones a través de las cuales se fomenta la cultura del ahorro y se facilita su práctica por parte de todas las personas vinculadas a ellas:

El ahorro en las empresas asociativas, debidamente legalizadas:

- El ahorro es la llave maestra para la prestación de los servicios.

- Con los recursos financieros disponibles, éstas pueden atender en mejor forma la demanda del crédito y otros servicios, crean un sentido de previsión y hacen posible que el ahorro de la comunidad cooperada sea aprovechado en beneficio de ella misma y que se apropie de los rendimientos que se les reconocen como intereses y otros incentivos.

- Consolidan su patrimonio, robustecen los fondos de ahorro, disponen de más capital pasivo y por tanto acrecientan su capacidad de operación.

- Permite lograr mayor autonomía e independencia financiera en la institución, evitando acudir a los bancos que solo buscan rentabilidad.

- Crea entre los asociados una verdadera conciencia de empresarios solidarios favoreciendo su sentido de identidad y pertenencia.

Existe el ahorro disponible a la vista, el ahorro a término y el ahorro permanente, que a su vez puede tener un carácter contractual establecido en el estatuto.

Ahorrar en común, prestarse mutuamente, progresar colectivamente, desarrolla un alto sentido de cooperación y solidaridad; genera un ambiente de confianza y riqueza que a todos favorece. Estas son razones suficientes para estimular la cultura del ahorro entre los asociados. Espacio preferente debe tener el estímulo a la cultura del ahorro entre los niños y jóvenes hijos de los asociados.

86. Crédito económico:
la mejor alternativa entre muchas

Es posible el crédito con tasas de interés más bajas respecto al promedio de tasas del mercado. Esto se logra por varias razones:

- Porque la Cooperativas o Fondos de Empleados disponen de recursos financieros económicos en la forma de aportes sociales o por captación de ahorro de sus propios asociados.

- Porque mientras más aportes sociales o más ahorro de largo plazo haya, se contará con mayores recursos para atender el crédito solicitado por los asociados. Es importante saber que recursos captados de corto plazo, no se pueden comprometer en créditos de largo plazo.

- Porque el modelo de ayuda mutua es la base para ahorrar de forma mancomunada entre todos los asociados y obtener por esta vía el beneficio del crédito.

No es correcto afirmar que a un asociado se le prestan sus mismos ahorros y que por tanto no debe cobrársele interés alguno por la utilización del crédito. Los recursos del crédito salen del capital social o de recursos de terceros, que suelen tener un costo para los mismos asociados. Un solo crédito, puede representar en sí mismo el ahorro de dos o más personas, durante cierto tiempo.

- Los servicios financieros para los asociados de las cooperativas de ahorro y crédito y de los fondos de empleados, bien sean para consumo o producción, están orientados a mejorar primordialmente su nivel económico y social.

- Los servicios de crédito se aplican al desarrollo humano y no a maximizar las utilidades.

- Los excedentes de tesorería deben aplicarse al crédito para los asociados y no a la inversión especulativa.

Las decisiones que afecten los servicios de crédito brindados por la institución, se deben basar en la equidad y en el beneficio general para los asociados que son los ahorradores.

A través del ahorro sistemático y del crédito bien utilizado con otros servicios financieros complementarios, los asociados obtienen educación, salud, vivienda, recreación y progreso en general.

87. Gestión financiera: la habilidad de convertir dinero en beneficio social

Una buena gestión financiera es factor clave en el progreso de la empresa asociativa. La gestión financiera es la asignación eficiente de los recursos disponibles de la institución con el propósito de lograr la satisfacción de las necesidades de la base social y el crecimiento de la organización para beneficio común.

Una buena gestión debe tener en cuenta:

- La función permanente de obtener fondos, fuentes o recursos para aplicarlos o usarlos eficientemente en el propósito central de la institución, es decir, la satisfacción de las necesidades de sus asociados.

- El manejo adecuado del capital disponible, teniendo en cuenta que su inversión en activos productivos, su rentabilidad financiera, su colocación en créditos, el manejo de los pasivos, el cubrimiento de los costos y gastos y la generación de excedentes, está en función del objeto social y no del manejo especulativo financiero.

- La liquidez adecuada, el uso mesurado de los fondos, las inversiones con criterios de seguridad, rentabilidad y disponibilidad, los niveles de endeudamiento externo, así como los recursos propios y suficientes para atender los créditos de los asociados, son de especial cuidado en una buena gestión financiera.

- La presentación oportuna de los estados financieros al corte de cada mes y al finalizar el año, así como el resultado de la ejecución presupuestal, son deberes ineludibles en la gestión financiera de la institución.

- El manejo adecuado de la cartera de crédito y de las cuentas por cobrar, significarán siempre maximización de beneficios.

- La previsión de riesgos en aspectos de tasas de interés, mercado, normatividad, liquidez, costos de agencia o variaciones intempestivas en la base social, deben ser tenidas en cuenta en la gestión financiera.

El sector de la economía solidaria, necesita personas competentes y calificadas que puedan realizar con alta profesionalidad y ética, gestiones financieras eficientes y rentables en su dimensión social.

88. Estados financieros: lo que no se puede medir no se puede controlar

Es importante que los Delegados a una Asamblea General y particularmente los Directivos, conozcan con relativa propiedad la estructura y contenido de los estados Financieros anuales que la Administración pondrá a consideración de la Asamblea.

Los estados financieros anuales reflejan la realidad económica de la empresa asociativa, pero también indican los resultados de la gestión económica y social impulsada por sus directivos. Los estados financieros comparativos básicos que se deben elaborar y presentar son los siguientes:

- Balance general

- Estado de resultados

- Estado de cambios en el patrimonio

- Estado de cambios en la situación financiera

- Estado de flujos de efectivo

- Notas a los estados financieros

Cualquier asociado, pero en particular los directivos y delegados de la empresa asociativa, deben conocer y analizar las grandes variaciones de un período a otro, el peso porcentual de los principales rubros, el comportamiento de los indicadores financieros y valorar los resultados en términos económicos y sociales.

89. Costos y gastos: la reciprocidad de los ingresos.

Siempre hay que enfocar la empresa asociativa, como una organización que integra recursos económicos, físicos, humanos, tecnológicos, ambientales y de conocimiento, para llevar a cabo su propio objeto social.

Los costos y gastos:

- Son indispensables para desarrollar el objetivo y propósito de la entidad.

- Se constituyen en insumos básicos para llevar a cabo los procesos productivos, contribuyen al logro de los objetivos estratégicos y deben ser controlables de acuerdo con el nivel de ingresos.

- El ingreso operacional como resultado de la prestación de los servicios, debe estar por encima de los gastos operacionales en relación con la estructura administrativa, para que sea posible la generación del excedente.

- Los servicios tienen un componente de costo recuperable. Por ejemplo, los costos financieros, se recuperan en la colocación del crédito, pero esta diferencia entre ingreso y costo, denominada intermediación financiera, debe ser cuidadosamente analizada.

Cada servicio tiene su costo y debe ser analizado. Los costos y gastos deben ser medidos y controlados permanentemente, para que la empresa asociativa sea eficiente y cumpla su misión institucional.

90. Desarrollo estratégico: ver el futuro para alcanzar las estrellas

Quienes dirijan una empresa asociativa, en cualquiera de sus formas, o representen a los asociados en las Asambleas generales, deben procurar que la organización solidaria tenga un horizonte de largo plazo para su desarrollo institucional.

- Hay que planear el futuro, con visión compartida.

- Hay que aprender a mirar el largo plazo.

- Hay que pensar con mentalidad de visionarios.

Hay que tener una carta de navegación elaborada con el concurso y la participación de los asociados, de los empleados y directivos y establecer en ella las respectivas estrategias, objetivos, metas y proyectos que integren el sueño colectivo de los cooperados.

El reto de llevar a cabo una adecuada visión estratégica de la empresa asociativa:

- Consiste en multiplicar las promesas de valor ofrecidas por la organización a sus asociados.

- Significa tener mayor sensibilidad frente al entorno, un conocimiento más preciso del mercado, en particular del perfil socio económico de los asociados y sus familias.

- Implica una promesa significativamente novedosa y diferenciada, unas capacidades especiales para la acción focalizada, una renovada actitud empresarial y una ejecución reflexiva y acertada.

El entorno cambia todos los días, la tecnología avanza a pasos agigantados, los riesgos acechan en todas las circunstancias, las legislaciones se ajustan a nuevas realidades y por eso se hace perentorio, aprender a pensar de manera estratégica en los planes de desarrollo institucional.

91. Comunicación: el arte de conectar con todos

La comunicación organizacional que incluye una estrategia comunicativa, es una necesidad vital para los asociados de cualquier modelo de organización solidaria.

Cuántos vacíos de comunicación hay en las empresas asociativas! Todavía hay que trabajar mucho en este aspecto.

Es necesario comprender que la buena comunicación:

- Tiene un propósito, es continua, tiene diferentes códigos, tiene un profundo significado de relación humana, tiene implicaciones éticas y todos los días se aprende sobre ella.

- Cumple un papel muy importante en el proceso de satisfacción de necesidades, mantiene y fortalece el sentido de identidad, ayuda a cumplir las obligaciones sociales, desarrolla relaciones humanas, permite el intercambio de información y motiva nuevas influencias entre las personas.

Hay que adoptar manuales de imagen corporativa, comunicar a través de medios impresos de buena calidad, aprovechar los grandes beneficios de la telecomunicación virtual, utilizando bien las modernas tecnologías de información y comunicación - Tic - darle espacio a la imagen y al video, suministrar datos en contexto y profundizar en los contenidos, de tal manera que los asociados sean personas cada vez más informadas y más inteligentes para su participación cooperativa.

La buena comunicación crea un clima de confianza entre los asociados frente a su organización asociativa.

92. La calidad: hacer las cosas bien desde el comienzo

Las tendencias de globalización en los mercados internacionales y los mejoramientos tecnológicos de las organizaciones empresariales, han impuesto la necesidad de desarrollar sistema de gestión de la calidad en los procesos y en los productos o servicios que cada entidad ofrece a sus clientes.

Para lograr este propósito es necesario:

- Partir de la visión compartida sobre las estrategias y recursos estratégicos.

- Diseñar una estructura organizacional acorde con los procesos y sistemas de información.

- Precisar las características culturales del capital humano en cuanto a talentos, competencias, incentivos, gestión diaria del trabajo y medición de su desempeño en un adecuado ambiente de control.

- Tener absoluta claridad sobre qué es y como escuchar la voz del cliente. Sin la voz del cliente no habrá mejoramiento de la calidad. El asociado es esa voz inconfundible.

- Desarrollar la forma de gerenciar eficazmente los procesos

- Establecer indicadores de gestión en relación con la calidad y los resultados económicos.

La transformación de la empresa asociativa hacia una cultura de la calidad, se basa en una filosofía corporativa, en principios y valores, en los objetivos que se desean alcanzar y en general en la conducta y actitudes de las personas al interior de la organización.

Como filosofía corporativa, gerenciar la cultura de la calidad cooperativa. Implica:

- Organización enfocada hacia el asociado
- Liderazgo en todos los niveles de dirección
- Participación y compromiso de las personas
- Claridad en los procesos
- Enfoque sistémico en la dirección
- Mejoramiento e innovación
- Decisiones basadas en datos y hechos
- Mutuo beneficio con proveedores
- Referenciación competitiva
- Concentración en resultados económicos y sociales.

Cuando la gente hace las cosas bien, con alta calidad, la organización cambia. Esto se logra con programas permanentes de educación, capacitación, entrenamiento e incentivos y desarrollo de habilidades en los principios y metodologías que requieren los sistemas de gestión de la calidad.

93. Competitividad en el mercado: en la selva un león siempre está buscando siervos

En el contexto de un sistema socioeconómico, las empresas asociativas, proveedoras de productos y servicios para las unidades familiares, deben ser tan eficientes y competitivas, como lo hacen las mejores empresas en el escenario de la globalización actual.

Para mejorar la competitividad en el mercado:

- Hay que comprometerse a fondo con la calidad de los servicios.

- Hay que conocer el mercado donde se compite

- Hay que definir si se quiere ser líder o no.

- Hay que ofrecer capacitación permanente a los empleados y directivos de la entidad.

- Hay que implantar un Sistema de Gestión de la Calidad.

- Hay que aprovechar los beneficios de la tecnología para mejorar la calidad de los servicios.

En la competencia dentro del mercado, se requieren estructuras administrativas ágiles, modernas, de cara al asociado, que contribuyan a maximizar los beneficios de la entidad.

Hay que competir con estrategias exitosas, de acuerdo con los cambios del entorno. Algunos diferencian entre ser competentes, que es hacer las cosas muy bien y ser competitivos que es la lucha diaria por sobrevivir en el mercado.

La innovación en los servicios, la creatividad en los negocios, la publicidad inteligente, el aprovechamiento tecnológico de los sistemas de información y de las telecomunicaciones, son componentes indispensables en el diseño y desarrollo de las estrategias institucionales.

94. Cooperativas del mundo: en todas partes, uníos!

Si las cooperativas se unieran entre sí, organizadas en redes de producción, comercialización y consumo, conectadas a través de tecnologías de punta, integradas en organizaciones de segundo grado poderosas y representativas, si financiaran en común ambiciosos proyectos educativos para formar la más alta gestión empresarial de sus dirigentes y asociados, el cooperativismo sería un movimiento tan fuerte y arrollador, que se vencerían todos los obstáculos que impiden su desarrollo actual.

La legislación hace algunas precisiones sobre las siguientes cooperativas y sus posibilidades de intercooperación:

- **Cooperativas de consumo**: en las cooperativas especializadas de consumo, la vinculación deberá ser abierta a todas las personas que puedan hacer uso de sus servicios y que acepten las responsabilidades inherentes a la asociación.

- **Cooperativas de educación**: las cooperativas de educación serán de usuarios o de trabajadores y podrán atender los distintos niveles o grados de enseñanza, incluyendo la educación superior.

- **Cooperativas de trabajo asociado**: las cooperativas de trabajo asociado son aquellas que vinculan el trabajo personal de sus asociados para la producción de bienes, ejecución de obras o la prestación de servicios.

- **Organismos especializados en seguros**: los organismos de carácter cooperativo que presten servicios de seguros deberán ser especializados y cumplirán la actividad aseguradora principalmente en interés de sus propios asociados y de la comunidad vinculada a ellos.

- **Cooperativas de transporte**: las cooperativas de transporte serán separada o conjuntamente, de usuarios del servicio, trabajadores o propietarios asociados, para producción y prestación del mismo.

- **Cooperativas de vivienda**: las cooperativas de vivienda que tengan por objeto organizar y desarrollar conjuntos habitacionales de propiedad cooperativa, y en las cuales los asociados sean simultáneamente aportantes y usuarios del conjunto habitacional, podrán limitar la asociación al número de unidades que vivienda que contemple el programa.

- **Cooperativas agropecuarias**: las cooperativas agropecuarias, agroindustriales, piscícolas y mineras, podrán ser de trabajadores o de propietarios o de ambas modalidades.

Trabajo a cargo de los asociados: el trabajo de las cooperativas estará preferentemente a cargo de los propios asociados. Los trabajadores de las cooperativas tendrán derecho a ser admitidos en ellas como asociados, si lo permite la naturaleza propia de las actividades sociales y las condiciones que para el efecto deben reunir los asociados.

Todas estas cooperativas como las de ahorro y crédito y los bancos cooperativos, pueden conformar redes de intercooperación económica, empresarial y social.

95. Proyectos asociativos: la siembra de los emprendedores solidarios

Emprender un nuevo proyecto asociativo, significa un gran esfuerzo que bien vale la pena. No es fácil iniciar un proyecto nuevo. Los líderes que lo impulsen tendrán que ser personas constantes, persuasivas, entusiastas y sobre todo disponer del más elevado ánimo para vencer todas las dificultades del comienzo.

El gran cooperativista Francisco de Paula Jaramillo en su libro "Reflexiones sobre Economía Solidaria", anota las siguientes condiciones para que arraigue y funcione un nuevo proyecto asociativo:

- Un grupo humano estable y relativamente unido.

- Necesidades comunes y la decisión de afrontarlas en común.

- Estimación objetiva de las posibilidades, incluyendo los aportes económicos que cada quien puede y debe contribuir.

- Buena selección de líderes directivos y responsables.

- Una organización administrativa ágil y funcional.

- Objetivos claros con metas de corto y mediano y largo plazo.

- Mucha claridad en las posibilidades reales de mercadeo.

- Gran lealtad con la cooperativa, desde el comienzo.

- Proceso permanente de formación y capacitación.

- Información oportuna para todos.

- Participación constructiva y creciente de los asociados.

Hay mucho que aprender y agradecer de los fundadores de toda empresa asociativa en marcha, por pequeña que sea. Emprender nuevos proyectos asociativos, es de líderes poco comunes y tenaces.

96. Las asociaciones mutuales: solidaridad humanitaria y silenciosa

Las asociaciones mutuales, como empresas asociativas, son una admirable síntesis de las manifestaciones solidarias desde tiempos antiquísimos. Aunque suelen ser organizaciones de extracción popular y se les relaciona en la práctica con el ahorro o la contribución para llevar a cabo los servicios funerarios de sus asociados, tienen grandes posibilidades a través de la más amplia solidaridad, como se demuestra en otros países, entre ellos Argentina, en donde prestan los siguientes servicios:

- Servicios de carácter económico, tales como proveeduría, ayuda económica, vivienda, subsidio por casamiento, nacimiento de hijos o muerte de los asociados.

- Servicios de salud, tales como asistencia médica, farmacia, fisioterapia, sanatorio, odontología.

- Servicios educativos y culturales, tales como jardines infantiles, biblioteca, escuelas, academia, entre todos.

- Servicios pensionales: fondos de previsión, asistencia, seguridad social, de pensiones, seguros, entre otros.

Son muchas las iniciativas que podrían desarrollar las asociaciones mutualistas dentro de sus limitaciones económicas, porque ante todo, cuentan con la fraternidad, la sensibilidad social y el mejor ánimo solidario, para favorecer la ayuda recíproca que se proponen construir a diario con sus contribuciones y ayuda recíproca en las circunstancias propias de la condición humana.

97. Símbolos: dan identidad al cooperativismo y a la economía solidaria

Resulta interesante comprender el significado de los símbolos universales del cooperativismo, para identificarnos con ellos y profundizar el sentimiento de la solidaridad asociativa.

La bandera

Desde los años 20 del siglo pasado, en Bélgica, Charles Gide propuso ante el Comité Ejecutivo de la Alianza Cooperativa Internacional, crear una bandera que representara al movimiento cooperativo, adoptando la que ideó Charles Fourier en Francia, conformada por los siete colores del espectro visible y que llevara como escudo de armas, dos manos entrelazadas.

Los colores de la bandera eran rojo, anaranjado, amarillo, verde, azul, índigo y violeta, en franjas horizontales, que significan unidad en la diversidad, unidad que supera las diferencias políticas, económicas, sociales, raciales y religiosas, así como los ideales y objetivos de paz universal, la esperanza de humanidad en un mundo mejor donde reine la libertad, la dignidad personal, la justicia social y la solidaridad.

El Comité ejecutivo de la ACI reunido en Roma en abril de 2001, se dispuso cambiar la bandera del cooperativismo con los colores del arco iris, por otra de color blanco que lleva impreso el logotipo de la ACI en su centro, del cual emergen palomas que significan paz. Esta bandera representa igualmente la unidad de los miembros de la ACI. En el Congreso centenario de 1995, se presentó oficialmente la nueva bandera, con un arco iris de seis colores y la sigla ACI impresa con el séptimo color...el violeta.

El emblema

Consiste en dos pinos unidos entre sí y encerrados en un círculo verde sobre fondo amarillo. El árbol del pino es un antiguo símbolo de inmortalidad, perseverancia y fecundidad. Así debe ser el movimiento cooperativo que escala la altura de sus propios ideales. Dos pinos significan acción unida y mutua cooperación. El circulo representa la eternidad de la vida y por tanto no tiene horizonte final; es un mundo que todo lo contiene y todo lo abarca. Así debe ser el mundo de la cooperación asociativa.

Verde oscuro es el color de los pinos, así como la naturaleza, fuente de vitalidad. El fondo del círculo es amarillo oro, que simboliza el sol fuente de luz y de vida.

El himno

Cantarlo en reuniones solemnes o formales genera entusiasmo colectivo. Letra de Carlos Castro Saavedra y música de Carlos Vieco.

98. Cifras mundiales: cuentan mucho

Algunas cifras de nivel nacional e internacional, suministradas por los organismos de integración, nos muestran la magnitud del movimiento cooperativo:

- En todo el mundo, las cooperativas proporcionan aproximadamente un total de 100 millones de empleos, 20% más que las multinacionales. Más de 900 millones de personas son miembros de cooperativas.

- En la India, aproximadamente 250 millones de personas son integrantes de las cooperativas.

- En Japón, una de cada tres familias es miembro de una cooperativa. El cooperativismo agropecuario, que afilia al 91% de los campesinos japoneses, genera excedentes por más de 90 billones de dólares.

- En 50 años de historia, la Corporación Cooperativa Mondragón que es el primer grupo empresarial del país Vasco en España, está integrado por 264 empresas cooperativas y estructurado a su vez en tres grupos sectoriales: Financiero, Industrial y Distribución, complementados por las áreas de investigación y formación. Tiene 57 filiales en 16 países del mundo.

- En Estados Unidos 4 de cada 10 individuos son miembros de una cooperativa. Más de 30 cooperativas tienen ingresos anuales superiores al billón de dólares. El 30% de los productos farmacéuticos en Estados Unidos se mercadean a través de 3.400 cooperativas. Más de 130 millones de personas se benefician con el sector cooperativo.

- En Canadá uno de cada tres individuos es miembro de una cooperativa. El movimiento cooperativo de ahorro y crédito Desjardins en la provincia de Québec, tiene alrededor de 5 millones de personas y emplea a más de 160 mil personas. Las cooperativas canadienses de azúcar de arce producen un 35% del total de la producción mundial.

- En Israel es el sector rural donde las cooperativas tienen mayor incidencia a través de los Kibutzim y los Moshavim.

- De los 2.200 bancos existentes en Alemania, cerca de 1.400 son bancos cooperativos, cuenta con 15 millones de asociados y 30 millones de clientes. De cada 4 adultos en Alemania, uno es copropietario de un banco cooperativo.

- En Brasil, las cooperativas son responsables del 72% de la producción de trigo.

- En Europa 4.500 bancos cooperativos tienen el 17% del mercado de depósitos y prestan sus servicios a unos 130 millones de personas.

99. Visión 2020. Plan para una década cooperativa

En enero de 2013, la Alianza Cooperativa Internacional, aprobó un documento de proyección mundial sobre el "Plan para una década cooperativa con visión hacia el año 2020", elaborado por el Grupo de Trabajo de Planificación de la Alianza, en conjunto con la Universidad de Oxford, Inglaterra.

Después de haber declarado la ONU al año 2012 como el año internacional de las Cooperativas, la ACI propuso al movimiento cooperativo de todos los países, este Plan hasta el año 2020 con el siguiente objetivo: Promover una campaña global para elevar a un nuevo nivel el modelo empresarial cooperativo.

El gran desafío de esta "Visión-2020" es que el modelo cooperativo sea bien reconocido a nivel mundial por todos los habitantes de la tierra. Este modelo debe ser, por tanto, ejemplo de sostenibilidad económica, social y medioambiental. Debe, además, ser el modelo de organización social preferido por la gente. Y debe ser también, el tipo de organización empresarial de más rápido crecimiento en el mundo.

El Plan contempla las siguientes estrategias a nivel mundial, para que las cooperativas sean mejores por los siguientes motivos:

- Propician la participación.

- Crean sostenibilidad.

- Tienen identidad.

- Cuentan con marco jurídico.

- Desarrollan capital

Los 5 puntos de orden estratégico están interrelacionados:

- Primer eje del Plan: Elevar a un nuevo nivel la participación y la gobernabilidad de los asociados.

- Segundo eje del Plan: Posicionar a las cooperativas como constructoras de sostenibilidad.

- Tercer eje del Plan: Consolidar el mensaje cooperativista y afianzar la identidad de las cooperativas.

- Cuarto eje del Plan: Asegurar marcos jurídicos que apoyen el crecimiento de las cooperativas.

- Quinto eje del Plan: Conseguir capital fiable para las cooperativas garantizado la gestión por parte de los miembros.

Acciones estratégicas para mejorar la **Participación**:

- Vincular a nuevos cooperativistas. Multiplicar redes interconectadas. Incorporar a los niños y jóvenes. Vincular a las familias.

- Recolectar información sobre mejores prácticas. Fomentar pasantías entre experiencias cooperativas. Identificar las malas prácticas, excluyentes.

- Examinar y valorar las actuales prácticas de participación democrática. Innovar en el ejercicio democrático cooperativo.

- Estudiar los modelos de cooperativas donde hay ahorrantes no asociados. Hacer más visibles las "Cooperativas Global 300" que son las más grandes del mundo.

Acciones estratégicas para mejorar la **Sostenibilidad**:

- Innovar en la contabilidad: Contabilizar el balance social, la rentabilidad social, el rendimiento social de las inversiones.

- Hacer estudios de casos específicos para mostrarle al mundo la ventaja cooperativa, para hacernos más visibles. Difundir con mayor energía los beneficios del modelo cooperativo.

- Reconocer en las políticas públicas las externalidades de las cooperativas. Usar las tecnologías de punta en la gestión social.

- Desarrollar un modelo de gestión competente, acorde con la globalización y con la identidad de los negocios cooperativos. Fortalecer la intercooperación económica.

Acciones estratégicas para afianzar la **Identidad**:

- Hacer más realista la gestión democrática. Responder a la visión que tienen los jóvenes sobre el mundo actual.

- Analizar cómo ven a las cooperativas los que no pertenecen a ellas. De ahí la importancia de gestionar mejor el MENSAJE para promover a las cooperativas.

- Pensar en una imagen global que sea reconocida en todo el mundo. Valorar y utilizar el dominio ".coop" en internet. Utilizar símbolos comunes. Hacer "publicidad blanca" referida al conjunto de las organizaciones cooperativas y no de cooperativas específicas.

- Mejorar las metodologías de educación cooperativa. Crear Escuelas empresariales de Alta Gerencia cooperativa. Hacer investigación de mercados. Más cooperación entre cooperativas. Resaltar la Identidad y diferencia del modelo cooperativo.

Acciones estratégicas para mejorar el Marco **jurídico**:

- Crear una red mundial para apoyar a las entidades encargadas del registro y control de las cooperativas. Evaluar marcos Jurídicos actuales para mejorarlos.

- A través de la ACI, ofrecer apoyo técnico especializado a los Gobiernos, legisladores y responsables de las políticas públicas. Crear Bancos de datos para dar conocer el impacto de las cooperativas en la sociedad.

- Incorporar a las cooperativas en las "Agendas globales de Desarrollo": organismos de integración regional o mundial.

- Crear Sistemas de información que permitan difundir a nivel mundial, datos y registros sobre las cooperativas en cada país y compartir esta información con el resto del mundo.

Acciones estratégicas para crear más **Capital Social**:

- Promover financiación de las cooperativas con los recursos de los propios asociados: ahorro, aportes sociales, excedentes, reservas. Capital institucional.

- Aumentar ofertas económicas claras para los asociados. Crear mecanismos de intercooperación económica. Fortalecer los sistemas de integración grupal.

- Crear "Fondos de Financiamiento cooperativo" a nivel nacional e internacional: Por ejemplo, un "Fondo Global de Desarrollo Cooperativo".

- Valorar riesgos y oportunidades en la generación del capital cooperativo. Crear indicativos financieros y sociales de rentabilidad sólo para cooperativas. Acelerar el comercio global entre cooperativas. Desarrollar estructuras compartidas de servicio.

Conclusiones del Plan:

- El modelo cooperativo funciona. Hay que perfeccionarlo y hacerlo visible.

- El cooperativismo es otra forma de hacer economía; es un modelo alternativo y esto se logrará con intercooperación.

-

- La identidad cooperativa, el capital social autónomo y la contribución al desarrollo sostenible, serán las bases para luchar por una adecuada política pública.

El reto de los líderes y dirigentes cooperativos y en general de los organismos de integración y de las organizaciones solidarias, es cómo articular sus propios planes de desarrollo a nivel local, regional y nacional, con esta visión estratégica 2020 del movimiento cooperativo internacional liderado por la ACI.

100. Objetivos de Desarrollo Sostenible (ODS) y el poder de las cooperativas.

Introducción

En 1987, la Comisión Mundial sobre Medio Ambiente y Desarrollo elaboró un documento para la ONU llamado "Nuestro futuro común", conocido como informe Brundland, en donde se popularizó el término *Sustainable Development* que ha sido traducido al español como desarrollo sostenible (DS), desarrollo sustentable o desarrollo durable (ONU, 1987).

La Comisión Brundland ofreció una definición clásica: *"Desarrollo sostenible es aquel que satisface las necesidades del presente sin comprometer la capacidad de las futuras generaciones para satisfacer las propias"*

Esta concepción "intergeneracional" del desarrollo sostenible fue ampliamente adoptada y la Cumbre para la Tierra de Rio de Janeiro la hizo suya en 1992, aunque avanzó con la definición de "tres pilares" que deben articularse en una misma perspectiva de desarrollo sustentable: progreso económico, justicia social y preservación del medio ambiente.

Iniciado el nuevo siglo (2000), se definen nuevos objetivos y metas dentro de la Cumbre del Milenio de las Naciones Unidas, hasta el año 2015: 1. Erradicación de la pobreza extrema y del hambre. 2. Lograr la enseñanza primaria universal. 3. Promover la igualdad de género y otorgar poder y representación a las mujeres. 4 y 5. Reducir la mortalidad infantil y mejorar la salud materna. 6. Combatir el VIH/SIDA, la malaria y otras enfermedades 7. Asegurar la sostenibilidad del medio ambiente.

En 2015, después de varias conferencias mundiales que ratificaron acuerdos sobre biodiversidad desarrollo social, la Asamblea General de la Organización para las Naciones Unidas (ONU) adoptó la "Agenda 2030 para el Desarrollo Sostenible – Transformar nuestro mundo", un plan de acción para los próximos 15 años con la finalidad de enfrentar los principales problemas actuales de la humanidad. Al aceptarlo, los 193 Estados miembro se comprometen a su implementación.

En esta nueva estrategia se plantean 17 objetivos y 169 metas de carácter integrado e indivisible que abarcan las esferas económica, social y ambiental. Dichos objetivos, que reemplazan los Objetivos del Milenio del año 2000 son:

1. Erradicar la pobreza.

2. Hambre cero.

3. Salud y bienestar.

4. Educación de calidad.

5. Igualdad de género.

6. Agua limpia y saneamiento.

7. Energía asequible y no contaminante.

8. Trabajo decente y crecimiento económico.

9. Industria, innovación e infraestructura.

10. Reducción de las desigualdades.

11. Ciudades y comunidades sostenibles.

12. Producción y consumo responsables.

13. Acción por el clima.

14. Vida submarina.

15. Vida de ecosistemas terrestres.

16. Paz, justicia e instituciones sólidas.

17. Alianzas para lograr los objetivos.

La invitación de la ONU a todos los países del mundo, acogida por la Alianza Cooperativa Internacional ACI, es que en estos objetivos se comprometan los gobiernos, las organizaciones no gubernamentales, las empresas públicas y privadas y desde luego, las cooperativas.

En su Informe de Política sobre las cooperativas y los Objetivos de Desarrollo Sostenible, la ACI y la OIT expresan lo siguiente a manera de introducción:

La Alianza Cooperativa Internacional (ACI) es una organización no gubernamental independiente, fundada en 1895 para unir, representar y servir a las cooperativas de todo el mundo. Actúa como portavoz y foro mundial para el conocimiento, la experiencia y la acción coordinada para y sobre las cooperativas. Los miembros de la Alianza son organizaciones cooperativas internacionales y nacionales de todos los sectores de la economía: la agricultura, la industria, los servicios, la banca, el comercio minorista, la pesca, la sanidad, la vivienda y los seguros. La Alianza tiene miembros de un centenar de países que representan a mil millones de personas de todo el mundo.

La Organización Internacional del Trabajo (OIT), un organismo especializado de las Naciones Unidas tiene por misión promover los derechos en el trabajo, fomentar oportunidades de trabajo decente, mejorar la protección social y fortalecer el diálogo en torno a cuestiones relacionadas con el trabajo. La OIT considera que las cooperativas son importantes para mejorar las condiciones de vida y de trabajo de mujeres y hombres de todo el mundo y para poner a disposición de los usuarios infraestructuras y servicios esenciales, incluso en terrenos descuidados por el Estado y las empresas a las que mueven las inversiones. La Unidad de Cooperativas de la OIT presta asistencia en cuatro áreas prioritarias

- Sensibilizar al público acerca de las cooperativas.

- Asegurar la competitividad de las cooperativas.

- Promover la inclusión de la enseñanza de los principios y las prácticas cooperativas.

- Asesorar en materia de políticas y legislación sobre cooperativas.

El contexto mundial de la cooperación asociativa se puede observar en estas cifras:

- En total, cerca de mil millones de personas están vinculadas a las cooperativas de una manera u otra, ya sea como socios/clientes, como empleados/participantes o de ambas formas.

- Las cooperativas emplean al menos a 100 millones de personas en el mundo y se ha estimado que empresas cooperativas aseguran los medios de subsistencia de cerca de la mitad de la población del planeta.

- Los ingresos agregados de las 300 mayores empresas cooperativas del mundo ascienden a 1,6 billones de dólares de los EE. UU., cifra comparable con el PIB de España, la novena economía mundial.

- Por tratarse de organizaciones basadas en principios y valores, las cooperativas son intrínsecamente una forma de empresa sostenible y participativa. Fomentan las prácticas y los conocimientos democráticos y la inclusión social.

- Por tanto, las cooperativas están bien situadas para contribuir al triple balance de objetivos económicos, sociales y ambientales del desarrollo sostenible y a la agenda de gobernanza para hacerlos realidad.

Objetivo 1.

Erradicar la pobreza: Poner fin a la pobreza en todas sus formas en todo el mundo.

La ONU:

Los índices de pobreza extrema se han reducido a la mitad desde 1990. Si bien se trata de un logro notable, 1 de cada 5 personas de las regiones en desarrollo aún vive con menos de 1,25 dólares al día, y hay muchos más millones de personas que ganan poco más de esa cantidad diaria, a lo que se añade que hay muchas personas en riesgo de recaer en la pobreza.

Casi el 80 por ciento de las personas extremadamente pobres viven en áreas rurales, donde la mayoría dependen de la agricultura. La agricultura es el mayor empleador en el mundo. El crecimiento agrícola en las economías agrarias y de bajos ingresos es al menos dos veces más eficaz que el crecimiento en otros sectores para la reducción del hambre y la pobreza.

Las cooperativas:

En muchos países las cooperativas son todavía la mejor manera para que la población rural y los excluidos de las ciudades, puedan vivir dignamente, sin las inclemencias que genera la pobreza. La empresa cooperativa es el tipo de organización más idóneo para abordar todas las dimensiones de la reducción de la pobreza y de la exclusión.

Objetivo 2.

Lucha contra el hambre: Poner fin al hambre, lograr la seguridad alimentaria y la mejora de la nutrición y promover la agricultura sostenible.

La ONU:

En los alimentos –en cómo se cultivan, producen, consumen, intercambian, transportan, almacenan y comercializan– se encuentra la conexión fundamental entre las personas y el planeta, y la vía hacia el crecimiento económico inclusivo y sostenible.

La batalla para acabar con el hambre y la pobreza debe combatirse principalmente en las zonas rurales, donde vive casi el 80 por ciento de las personas que padecen hambre y los pobres del mundo.

Hoy se producen alimentos más que suficientes para alimentar a todo el mundo, pero cerca de 800 millones de personas padecen hambre crónica. Ya que la asequibilidad de los alimentos se relaciona en gran medida con los ingresos, garantizar el acceso a los alimentos sigue siendo uno de los pilares fundamentales de la seguridad alimentaria y la agenda de la lucha contra la pobreza en general.

Las cooperativas:

Las cooperativas contribuyen a la seguridad alimentaria ayudando a pequeños agricultores, pescadores, ganaderos, silvicultores y otros productores a resolver los numerosos desafíos que afrontan en sus emprendimientos de producción de alimentos. Donde el modelo empresarial cooperativo está más difundido es en la agricultura y la ganadería. Se calcula que, en conjunto, las cooperativas tienen un 32 por ciento de la cuota de mercado mundial del sector agropecuario.

Objetivo 3.

Salud y bienestar: Garantizar una vida sana y promover el bienestar de todas las edades.

La ONU:

Para lograr el desarrollo sostenible es fundamental garantizar una vida saludable y promover el bienestar para todos a cualquier edad. Se han obtenido grandes progresos en relación con el aumento de la esperanza de vida y la reducción de algunas de las causas de muerte más comunes relacionadas con la mortalidad infantil y materna.

Se han logrado grandes avances en cuanto al aumento del acceso al agua limpia y el saneamiento, la reducción de la malaria, la tuberculosis, la poliomielitis y la propagación del VIH/SIDA. Sin embargo, se necesitan muchas más iniciativas para erradicar por completo una amplia gama de enfermedades y hacer frente a numerosas y variadas cuestiones persistentes y emergentes relativas a la salud.

Las cooperativas:

Las cooperativas de salud comprenden cooperativas de trabajadores que prestan servicios de salud, cooperativas de pacientes o comunidades que son propiedad de sus usuarios y cooperativas de múltiples interesados híbridas. Pueden prestar toda la gama de servicios de salud, desde el cuidado en el hogar hasta la gestión completa de hospitales. La Organización Internacional de Cooperativas de Salud estima que en el mundo hay más de 100 millones de familias atendidas por cooperativas de salud.

Las cooperativas garantizan vidas saludables mediante la creación de infraestructuras para la prestación de servicios de salud, el financiamiento de la asistencia sanitaria y la prestación de servicios de salud en el hogar a personas que viven con el VIH/SIDA, entre otras actividades.

Objetivo 4.

Educación de calidad: Garantizar una educación inclusiva y equitativa de calidad y promover oportunidades de aprendizaje permanente para todos.

La ONU:

La consecución de una educación de calidad es la base para mejorar la vida de las personas y el desarrollo sostenible. Se han producido importantes avances con relación a la mejora en el acceso a la educación a todos los niveles y el incremento en las tasas de escolarización en las escuelas, sobre todo en el caso de las mujeres y las niñas.

Se ha incrementado en gran medida el nivel mínimo de alfabetización, si bien es necesario redoblar los esfuerzos para conseguir mayores avances en la consecución de los objetivos de la educación universal. Por ejemplo, se ha conseguido la igualdad entre niñas y niños en la educación primaria en el mundo, pero pocos países han conseguido ese objetivo a todos los niveles educativos.

Las cooperativas:

Las cooperativas favorecen el acceso a la educación de calidad y el aprendizaje a lo largo de la vida proporcionando los medios precisos para financiar la educación, apoyando a docentes y escuelas, creando sus propios establecimientos de enseñanza para impartir educación de calidad a jóvenes y adultos y actuando como centros de aprendizaje permanente.

Objetivo 5.

Igualdad de género: Lograr la igualdad de género y empoderar a todas las mujeres y las niñas.

La ONU:

Las mujeres y las niñas siguen sufriendo discriminación y violencia en todos los lugares del mundo. La igualdad entre los géneros no es solo un derecho humano fundamental, sino la base necesaria para conseguir un mundo pacífico, próspero y sostenible.

Si se facilita a las mujeres y niñas igualdad en el acceso a la educación, atención médica, un trabajo decente y representación en los procesos de adopción de decisiones políticas y económicas, se impulsarán las economías sostenibles y se beneficiará a las sociedades y a la humanidad en su conjunto.

Las cooperativas:

Las cooperativas están contribuyendo a la igualdad de género al aumentar las oportunidades de las mujeres de participar en las economías y sociedades locales en muchas partes del mundo.

Sin embargo, todavía existen desafíos: las mujeres suelen estar representadas marginalmente en las cooperativas tradicionales dedicadas a los cultivos comerciales/de exportación como el café, el cacao, el algodón y el tabaco, en las que la propiedad de las explotaciones es mayoritariamente de los hombres.

Objetivo 6.

Agua limpia y saneamiento: Garantizar la disponibilidad y la gestión sostenible del agua y el saneamiento para todos.

La ONU:

El agua libre de impurezas y accesible para todos es parte esencial del mundo en que queremos vivir. Hay suficiente agua dulce en el planeta para lograr este sueño. La escasez de recursos hídricos, la mala calidad del agua y el saneamiento inadecuado influyen negativamente en la seguridad alimentaria, las opciones de medios de subsistencia y las oportunidades de educación para las familias pobres en todo el mundo.

La sequía afecta a algunos de los países más pobres del mundo, recrudece el hambre y la desnutrición. Para 2050, al menos una de cada cuatro personas probablemente viva en un país afectado por escasez crónica y reiterada de agua dulce.

Las cooperativas:

Las cooperativas se han ido convirtiendo en actores cada vez más importantes en lo que se refiere a facilitar el acceso a agua potable y a servicios de saneamiento, compensando las carencias en la materia de los sectores público y privado.

Los servicios de saneamiento también han sido abordados por las cooperativas en el marco de sus actividades de provisión de viviendas y mejoramiento de barriadas insalubres.

Objetivo 7.

Energía asequible y no contaminante: Garantizar el acceso a una energía asequible, fiable, sostenible y moderna para todos.

La ONU:

La energía es central para casi todos los grandes desafíos y oportunidades a los que hace frente el mundo actualmente. Ya sea para los empleos, la seguridad, el cambio climático, la producción de alimentos o para aumentar los ingresos, el acceso a la energía para todos es esencial. La energía sostenible es una oportunidad —que transforma vidas, economías y el planeta.

La ONU está a la cabeza de la iniciativa Energía sostenible para todos para asegurar el acceso universal a los servicios de energía modernos, mejorar el rendimiento y aumentar el uso de fuentes renovables.

Las cooperativas:

Las cooperativas de energía están contribuyendo a la obtención de las tres metas vinculadas al objetivo de las energías sostenibles: el acceso a la energía, la eficiencia energética y la reducción de emisiones.

El aporte de las cooperativas en la facilitación del acceso a energía sostenible es evidente, pues desempeñan un importante papel en la generación de electricidad y en su distribución a los consumidores.

En muchas partes del mundo están en la vanguardia de la adopción de fuentes de energías nuevas y renovables, como la solar y la eólica. Son famosas las cooperativas de electrificación rural que han dotado de electricidad a poblaciones rurales de muchos países, tanto en desarrollo como desarrollados.

Objetivo 8.

Trabajo decente y crecimiento económico: Promover el crecimiento económico sostenido, inclusivo y sostenible, el empleo pleno y productivo y el trabajo decente para todos.

La ONU:

Aproximadamente la mitad de la población mundial todavía vive con el equivalente a unos 2 dólares de los Estados Unidos diarios, y en muchos lugares el hecho de tener un empleo no garantiza la capacidad para escapar de la pobreza. Debemos reflexionar sobre este progreso lento y desigual, y revisar nuestras políticas económicas y sociales destinadas a erradicar la pobreza.

La continua falta de oportunidades de trabajo decente, la insuficiente inversión y el bajo consumo producen una erosión del contrato social básico subyacente en las sociedades democráticas: el derecho de todos a compartir el progreso. La creación de empleos de calidad seguirá constituyendo un gran desafío para casi todas las economías más allá de 2015.

Las cooperativas:

Las cooperativas desempeñan un papel importante en la creación de empleo y en la generación de ingresos Según la ACI, en el mundo hay más de 100 millones de puestos de trabajo en las cooperativas. Junto con las pequeñas y medianas empresas, las cooperativas son las fuentes más importantes de nuevos empleos. Aunque hay que mejorar los datos sobre las contribuciones de las cooperativas a la creación de empleo en todo el mundo, los informes que se conocen de los países son muy convincentes.

Objetivo 9.

Industria, Innovación e Infraestructura: Construir infraestructuras resilientes, promover la industrialización inclusiva y sostenible y fomentar la innovación.

La ONU:

Las inversiones en infraestructura (transporte, riego, energía y tecnología de la información y las comunicaciones) son fundamentales para lograr el desarrollo sostenible y empoderar a las comunidades en numerosos países. Desde hace tiempo se reconoce que, para conseguir un incremento de la productividad y de los ingresos y mejoras en los resultados sanitarios y educativos, se necesitan inversiones en infraestructura.

El ritmo de crecimiento y urbanización también está generando la necesidad de contar con nuevas inversiones en infraestructuras sostenibles que permitirán a las ciudades ser más resistentes al cambio climático e impulsar el crecimiento económico y la estabilidad social.

Las cooperativas:

Muchas cooperativas en el mundo desarrollan su actividad principal en variados sistemas de transporte, demostrando eficacia y calidad en el servicio. De igual manera las hay en el manejo de grandes sistemas de riego, de generación de energía en sus diferentes formas. En tecnología de información y comunicación, se destacan algunas cooperativas a nivel de algunos países.

Objetivo 10.

Reducción de las desigualdades: Reducir la desigualdad entre los países y en ellos mismos.

La ONU:

A pesar de que la desigualdad de los ingresos entre países ha podido reducirse, dentro de los propios países ha aumentado la desigualdad. Unos pocos poseen la mayor parte de la riqueza del mundo, mientras que la inmensa mayoría carece de los recursos necesarios para sobrevivir.

La desigualdad extrema en el mundo está alcanzando cotas insoportables. Actualmente, el 1% más rico de la población mundial posee más riqueza que el 99% restante de las personas del planeta. El poder y los privilegios se están utilizando para manipular el sistema económico y así ampliar la brecha, dejando sin esperanza a cientos de millones de personas pobres.

Existe un consenso cada vez mayor de que el crecimiento económico no es suficiente para reducir la pobreza si este no es inclusivo ni tiene en cuenta las tres dimensiones del desarrollo sostenible: económica, social y ambiental.

Con el fin de reducir la desigualdad, se ha recomendado la aplicación de políticas universales que presten también especial atención a las necesidades de las poblaciones desfavorecidas y marginadas.

Las cooperativas:

La ONU considera que las cooperativas son un modelo empresarial construido sobre la base de la inclusión y la sostenibilidad que ofrece un camino hacia la justicia económica, social y política". Investigaciones han demostrado que las cooperativas contribuyen a reducir las diferencias salariales entre hombres y mujeres y a promover una mayor igualdad en el trabajo y oportunidades de capacitación.

Las cooperativas contribuyen a la creación de un entorno propicio mundial al desarrollo sostenible mediante la reducción de la brecha comercial entre el mundo en desarrollo y el desarrollado, estabilizando los sistemas financieros durante las crisis y proporcionando la base para la profundización financiera en todo el mundo.

Objetivo 11.

Ciudades y comunidades sostenibles: Lograr que las ciudades y los asentamientos humanos sean inclusivos, seguros, resilientes y sostenibles

La ONU:

Las ciudades son hervideros de ideas, comercio, cultura, ciencia, productividad, desarrollo social y mucho más. En el mejor de los casos, las ciudades han permitido a las personas progresar social y económicamente.

Ahora bien, son muchos los problemas que existen para mantener ciudades de manera que se sigan creando empleos y prosperidad sin ejercer presión sobre la tierra y los recursos. Los problemas comunes de las ciudades son la congestión, la falta de fondos para prestar servicios básicos, la escasez de vivienda adecuada y el deterioro de la infraestructura.

Los problemas que enfrentan las ciudades se pueden vencer de manera que les permita seguir prosperando y creciendo, y al mismo tiempo aprovechar mejor los recursos y reducir la contaminación y la pobreza. El futuro que queremos incluye a ciudades de oportunidades, con acceso a servicios básicos, energía, vivienda, transporte y más facilidades para todos.

Las cooperativas:

Como bien afirman algunos expertos cooperativistas, hay que desplegar ampliamente en el mundo, la propia y peculiar racionalidad económica de las cooperativas. Las cooperativas son empresas que se distinguen por estar constituidas, organizadas y dirigidas por factores económicos distintas del capital, especialmente el trabajo y la comunidad.

Factores que son inseparables de las personas que las aportan o realizan, confiere a las empresas cooperativas un carácter personalizado, comunitario y solidario original. En este enfoque empresarial radica la capacidad de las cooperativas para contribuir al objetivo de lograr que las comunidades y asentamientos humanos sean resilientes, inclusivos, seguros y sostenibles.

Objetivo 12.

Producción y consumo responsables: Garantizar modalidades de consumo y producción sostenibles.

La ONU:

El consumo y la producción sostenibles consisten en fomentar el uso eficiente de los recursos y la eficiencia energética, infraestructuras sostenibles y facilitar el acceso a los servicios básicos, empleos ecológicos y decentes, y una mejor calidad de vida para todos.

El objetivo del consumo y la producción sostenibles es hacer más y mejores cosas con menos recursos, incrementando las ganancias netas de bienestar de las actividades económicas mediante la reducción de la utilización de los recursos, la degradación y la contaminación durante todo el ciclo de vida, logrando al mismo tiempo una mejor calidad de vida.

En ese proceso participan distintos interesados, entre ellos empresas, consumidores, encargados de la formulación de políticas, investigadores, científicos, minoristas, medios de comunicación y organismos de cooperación para el desarrollo.

También es necesario adoptar un enfoque sistémico y lograr la cooperación entre los participantes de la cadena de suministro, desde el productor hasta el consumidor final. Consiste en involucrar a los consumidores mediante la sensibilización y la educación sobre el consumo y los modos de vida sostenibles, facilitándoles información adecuada a través de normas y etiquetas, y participando en la contratación pública sostenible, entre otros.

Las cooperativas:

La contribución de las cooperativas agrícolas a la producción y consume responsables, se da particularmente en su compromiso para evitar las pérdidas y desperdicios de un tercio de los alimentos que se producen el mundo. Para alimentar al mundo de forma sostenible, los productores tienen que producir más alimentos, mientras reducen los impactos ambientales negativos, como la pérdida de suelo, agua y nutrientes, las emisiones de gases de efecto invernadero, y la degradación de los ecosistemas.

Aquí las cooperativas de productores campesinos desempeñan un papel importante, sobre cuando alientan a los consumidores a cambiar a dietas nutritivas e inocuas con una menor huella ambiental. Muchas cooperativas impulsan pautas de consumo más responsable y contemplan los valores de la responsabilidad social y económica como parte integrante de su modelo de hacer negocios.

Las cooperativas agropecuarias sostenibles diversifican sus actividades añadiendo la gestión del agua, el turismo, la producción de alimentos locales de calidad y la agricultura orgánica. De este modo, responden a la crisis de la agricultura de alta tecnología y a las regulaciones ambientales.

Objetivo 13.

Acción por el clima: Adoptar medidas urgentes para combatir el cambio climático y sus efectos.

La ONU:

El cambio climático afecta a todos los países en todos los continentes. Tiene un impacto negativo en la economía nacional y en la vida de las personas, de las comunidades y de los países. En un futuro las consecuencias serán todavía peores.

De hecho, las emisiones nunca habían sido tan altas. Si no actuamos, la temperatura media de la superficie del mundo podría aumentar unos 3 grados centígrados este siglo y en algunas zonas del planeta podría ser todavía peor. Las personas más pobres y vulnerables serán los más perjudicados.

El cambio climático es un reto global que no respeta las fronteras nacionales. Las emisiones en un punto del planeta afectan a otros lugares lejanos. Es un problema que requiere que la comunidad internacional trabaje para que los países en desarrollo avancen hacia una economía baja en carbono. Los países están trabajando para hacer realidad el acuerdo global en París, cuyo objetivo es luchar contra el cambio climático.

Las cooperativas:

Muchas cooperativas en países poco desarrollados integran, por ejemplo, a miles de recolectores de residuos que trabajan en malas condiciones y contribuyen considerablemente a limpiar el medio ambiente, aunque los intermediarios que venden materiales reciclables a las industrias les privan de parte de sus beneficios.

Objetivo 14.

Vida submarina: Conservar y utilizar en forma sostenible los océanos, los mares y los recursos marinos para el desarrollo sostenible.

La ONU:

Los océanos del mundo —su temperatura, química, corrientes y vida— mueven sistemas mundiales que hacen que la Tierra sea habitable para la humanidad.

Nuestras precipitaciones, el agua potable, el clima, el tiempo, las costas, gran parte de nuestros alimentos e incluso el oxígeno del aire que respiramos provienen, en última instancia del mar y son regulados por este. Históricamente, los océanos y los mares han sido cauces vitales del comercio y el transporte.

La gestión prudente de este recurso mundial esencial es una característica clave del futuro sostenible.

A nivel mundial casi 3.000 millones de personas obtienen el 20 por ciento de su ingesta diaria de proteínas de origen animal del pescado.

Cerca del 29 por ciento de las poblaciones de peces marinos importantes a nivel comercial sufren de sobrepesca, y el 61 por ciento están explotadas a su nivel máximo.

Las cooperativas:

Hay muchas cooperativas de pescadores en el mundo, sobre todo las que son conformadas por pescadores artesanales. Son ellas, a diferencia de las grandes compañías pesqueras, las que más se esfuerzan por llevar a cabo buenas prácticas en su diario y silencioso trabajo para aprovechar con el máximo cuidado, la abundancia de alimentos que nos ofrece el mar.

Objetivo 15.

Vida de ecosistemas terrestres: Proteger, restablecer y promover el uso sostenible de los ecosistemas terrestres, gestionar sosteniblemente los bosques, luchar contra la desertificación, detener e invertir la degradación de las tierras y detener la pérdida de biodiversidad.

La ONU:

El 30% de la superficie terrestre está cubierta por bosques y estos, además de proporcionar seguridad alimentaria y refugio, son fundamentales para combatir el cambio climático, pues protegen la diversidad biológica y las viviendas de la población indígena. Cada año desaparecen 13 millones de hectáreas de bosque y la degradación persistente de las zonas áridas ha provocado la desertificación de 3.600 millones de hectáreas.

La deforestación y la desertificación —provocadas por las actividades humanas y el cambio climático— suponen grandes retos para el desarrollo sostenible y han afectado a las vidas y los medios de vida de millones de personas en la lucha contra la pobreza. Se están poniendo en marcha medidas destinadas a la gestión forestal y la lucha contra la desertificación.

Las cooperativas:

Hay muchas cooperativas en el mundo, comprometidas con el uso y manejo sostenible de los ecosistemas terrestres, los bosques, las montañas, la tierra, los suelos y el respeto a la biodiversidad.

En el cooperativismo hay cada vez mayor conciencia de que los bosques contribuyen a los medios de sustento decentes de millones de personas, mientras que proporcionan aire limpio y agua, conservan la biodiversidad y mitigan el cambio climático.

Mediante formas asociativas es mucho lo que se puede hacer en el cuidado de los bosques, que tienen el potencial de absorber cantidades significativas de emisiones de carbono en su biomasa, suelos y productos. En principio, pueden almacenarlos en perpetuidad. Mientras que los sistemas alimentarios modernos son muy dependientes de los combustibles fósiles, los bosques sostenibles proporcionan una forma renovable de construir, calentar y amueblar. La madera vuelve a crecer y los bosques bien gestionados siguen creciendo siempre.

Objetivo 16.

Paz, justicia e Instituciones sólidas: Promover sociedades pacíficas e inclusivas para el desarrollo sostenible, facilitar el acceso a la justicia para todos y crear instituciones eficaces, responsables e inclusivas a todos los niveles.

La ONU:

El objetivo 16 de los Objetivos de Desarrollo Sostenible propuestos se centra en la promoción de sociedades pacíficas e inclusivas para el desarrollo sostenible, la provisión de acceso a la justicia para todos y la construcción de instituciones responsables y eficaces a todos los niveles.

Las cooperativas:

Cooperativismo significa inclusión social, democracia participativa, respeto a la dignidad del ser humano, distribución equitativa de la riqueza. Por eso las cooperativas genuinas, donde quiera que se encuentren, mantienen inalterable su compromiso con la paz.

Objetivo 17.

Alianzas para lograr los objetivos: Fortalecer los medios de ejecución y revitalizar la Alianza Mundial para el Desarrollo Sostenible

La ONU:

Para que una agenda de desarrollo sostenible sea eficaz se necesitan alianzas entre los gobiernos, el sector privado y la sociedad civil. Estas alianzas inclusivas se construyen sobre la base de principios y valores, una visión compartida y objetivos comunes que otorgan prioridad a las personas y al planeta, y son necesarias a nivel mundial, regional, nacional y local.

Las cooperativas:

Las cooperativas, con su espíritu de integración solidaria, como principio filosófico, ya están presentes en todas las áreas que contemplan los Objetivos de Desarrollo Sostenible propuestos por la ONU. Esta será la dirección que tomará el mundo en su camino para convertir al desarrollo sostenible en realidad. Las cooperativas de todo el mundo estarán ahí, en su lugar, trabajando día y noche por la construcción de un mundo mejor.

Bibliografía consultada

Ake Book, Sven. *Valores cooperativos para un mundo en cambio.* Publicado por la ACI, Costa Rica, 1992.

Alianza Cooperativa Internacional. *Declaratoria sobre la Identidad cooperativa.* Manchester, 1995

Alianza Cooperativa Internacional. *Las cooperativas en el año dos mil.* Cincoop, Bogotá, 1987.

Andrade Andrade, Bernardo y otros. *Método para medir la acción social.* Fundecoop. Colombia, 1996.

Arbelaez Naranjo, Luis Eduardo. *El ahorro, teoría y práctica.* Editorial Tonalidades gráficas. Bogotá, 2005.

Ascoop. *Política y legislación cooperativa.* Reproducción del documento publicado por la ACI en la revista de Cooperación Internacional No. 34. 2001

Ascoop. *El servicio cooperativo.* Textos de Jairo Caicedo. Editora Guadalupe. Bogotá, 2004.

Ascoop. *Elementos para el desarrollo eficaz de los fondos de empleados.* Textos de Gustavo Vargas Pérez. Editora Guadalupe. Bogotá, 2004

Ascoop. *Cooperativas de trabajo asociado.* Textos de Edith Esperanza Pardo M. Editora Guadalupe. Bogotá, 2004.

Birchall, Johnston. *Las cooperativas y los objetivos de desarrollo del milenio.* Ascoop. Bogotá, 2005.

Confecoop, Confederación de Cooperativas de Colombia. *Compilación de normas para el sector cooperativo.* Primera edición. 2006

Confecoop, Confederación de Cooperativas de Colombia. *Sector cooperativo 2005. Principios y valores de un movimiento con resultados concretos.* 2006.

Dávila, Ladrón de Guevara Ricardo (2000). *Gestión Financiera en empresas cooperativas.* Pontificia Universidad Javeriana. Bogotá D.C.

Dávila, Ladrón de Guevara Ricardo. (2013). *Buenas prácticas cooperativas. Cooperativa de Profesores de la Universidad Nacional de Colombia.* Bogotá D.C: Ed. Fondo Nacional Universitario IAC. Primera Edición.

Fauquet, George. *El sector cooperativo.* Unión cooperativa, Manchester, 1951. Edición especial de Credicoop. 1962.

Jaramillo, Francisco de Paula. *Reflexiones sobre economía solidaria. Universidad Pontificia Bolivariana,* Medellín, 2000"

Lopera de Oviedo Amparo y Aguinaga B. Falkonery. *El mutualismo: autogestión popular.* Dancoop, Bogotá, 1988

Mantilla, M. (2003). *Empresas cooperativas para una democracia económica.* Bogotá D.C: Ed. Fondo Nacional Universitario IAC. Primera Edición.

Marín Arango Edwin. *Empresas cooperativas solidarias y otras formas asociativas.* Cooimpresos, Medellín, 1998.

Marcus Lars. *Cooperativas y valores básicos.* Informe al XXIX Congreso de la ACI, 1988

Palacios Nicolás. *La administración en las empresas de economía solidaria I.* Universidad Santo Tomás de Aquino. Bogotá, 1985.

Pineda Suárez Carlos Julio. *Cómo organizar empresas solidarias eficientes.* Consultamerica grupo asesor, Bogotá, 1992.

Ramírez Baracaldo, Benjamín. *La influencia del control en la eficiencia de las cooperativas.* Idecoop, Lima, 1985

Silva D., Javier Andrés. (2012). *Educación para la Cooperación. La empresa cooperativa: una alternativa posible para el desarrollo.* Bogotá D.C: Ed. Fondo Nacional Universitario IAC. Segunda Edición.

Superintendencia de la Economía Solidaria. *Circular básica contable y Circular básica jurídica.* 2004. Publicadas por Confecoop Colombia. 2004

Uribe Garzón, Carlos. *Bases del cooperativismo.* 4ª. Edición, Fondo nacional universitario. Bogotá, 1993.

Uribe Garzón, Carlos. *De trabajadores a empresarios.* Editorial Presencia Ltda. Bogotá, 1994.

Uribe Garzón y Cracogna. *Buen gobierno cooperativo: hacia un código de buenas prácticas.* Confecoop. Bogotá, 2003

Uribe Garzón, Carlos. *El balance social cooperativo. Serie divulgativa de Coopdesarrollo.* No. 8. 1997

Watkins W.P. *Los principios cooperativos hoy y mañana.* Esacoop, impreso por Arte y Fotolito, Bogotá, 1989.

Zabala Salazar Hernando. *La cooperación en Colombia. Patología de una crisis.* Editorial Cooimpresos, Medellín, 1997.

Made in the USA
Monee, IL
07 July 2026

56551563R00134

BIN TRAVERLER FORM

Cut By:_______________________________ _Qty_ _39_ _Date_ _11 Agosto._

Scanned By:__________________________________Qty_________Date________________

Scanned Batch ID's

______________________ ______________________ ______________________

Notes / Exceptions

____